［理論］［事例］［Q&A］から学ぶ

ビリオネアの東京不動産投資

不安な“資産家”から充実人生の“投資家”への道

福田郁雄

現代書林

はじめに
ビリオネアから学ぶ「東京不動産投資」の本質

ビリオネア（billionaire）って聞いたことがあるでしょうか。

個人資産10億通貨単位以上の者。ミリオネアを超えた10億長者のことを言います。

２０２１年、私は超資産家への財産戦略コンサルタントを始めて18年になります。

現在は総資産10億円以上の超資産家に対して、主に不動産を中心とした資産に関する諸々の相談を受け、助言を行っています。

ビリオネアと言っても総資産なので、負債も含まれています。よって、極端なことを言えば、現金を1億円持っている方が、銀行から9億円借りて、10億円の不動産を取得したならば、それでビリオネアと呼べるのです。


本書では、東京圏の不動産投資によって、幸せを掴んだ超資産家の話を中心に、不動産投資の本質を掘り下げていくことをパーパス（目的）に執筆しています。

資産家と言えば、人も羨む幸福な人たちというイメージがあるかもしれませんが、実際はそうでもありません。

資産家の多くは、「守るのはシンドイ」「資産を減らしたくない」「リスクは負いたくない」という思いが人一倍強く、神経をすり減らし、思い悩んで生きていらっしゃるのです。

また、お金目当てで集まってくる人たちへの不信感もあり、良い人間関係をつくるのに一般の人と比べて苦労されているようにも見えます。

一方で、とても幸せそうな資産家の方々にもたくさん出会うことができました。

そういう資産家の皆さんは、人当たりが良く、表情もとても素敵です。幸せな資産家の特徴は、お金の自由、時間の自由、そして人間関係の自由を得ているということです。

このような充実人生の資産家になるための秘訣を探っていくのも、本書の副次的なパーパス（目的）としています。

私自身、現在ではビリオネアの仲間入りをさせていただきましたが、元はと言えばロバートキヨサキ氏の『金持ち父さん 貧乏父さん』（筑摩書房）を読んだ2000年から人生が変わりました。

キヨサキ氏は「Employee（従業員）」→「Self employed（自営業者）」→「Business owner（ビジネスオーナー）」→「Investor（投資家）」という道しるべを我々に提供してくれました（次ページ図表1）。

2004年にはそれまで勤めていたハウスメーカーを思い切って辞め、株式会社福田財産コンサルという会社を設立し、「Self employed」になりました。決められた給与から、働いた分だけが自分の実入りとなり、所得も増えることになりました。ただ、自分自身で働かなければならないので、忙しいのです。時間持ち（自由な時間がある）ではないのです。

そこで、従業員に少しずつ仕事を覚えてもらい、私がやっていたことを任せていきました。その結果、ある程度の時間の自由も得られてきました。小さいながらも「Business owner」の領域になりました。

会社に貯めていった内部留保で、少しずつ不動産投資を行い、不動産収入も得ることができるようになり、「Investor」の仲間入りをしました。

不動産投資の助言自体が本業なので、自ら実証することにより、信用も高まり、本業の業績も良くなっていくという好循環に恵まれました。

[図表1] 充実人生の“投資家”への道しるべ

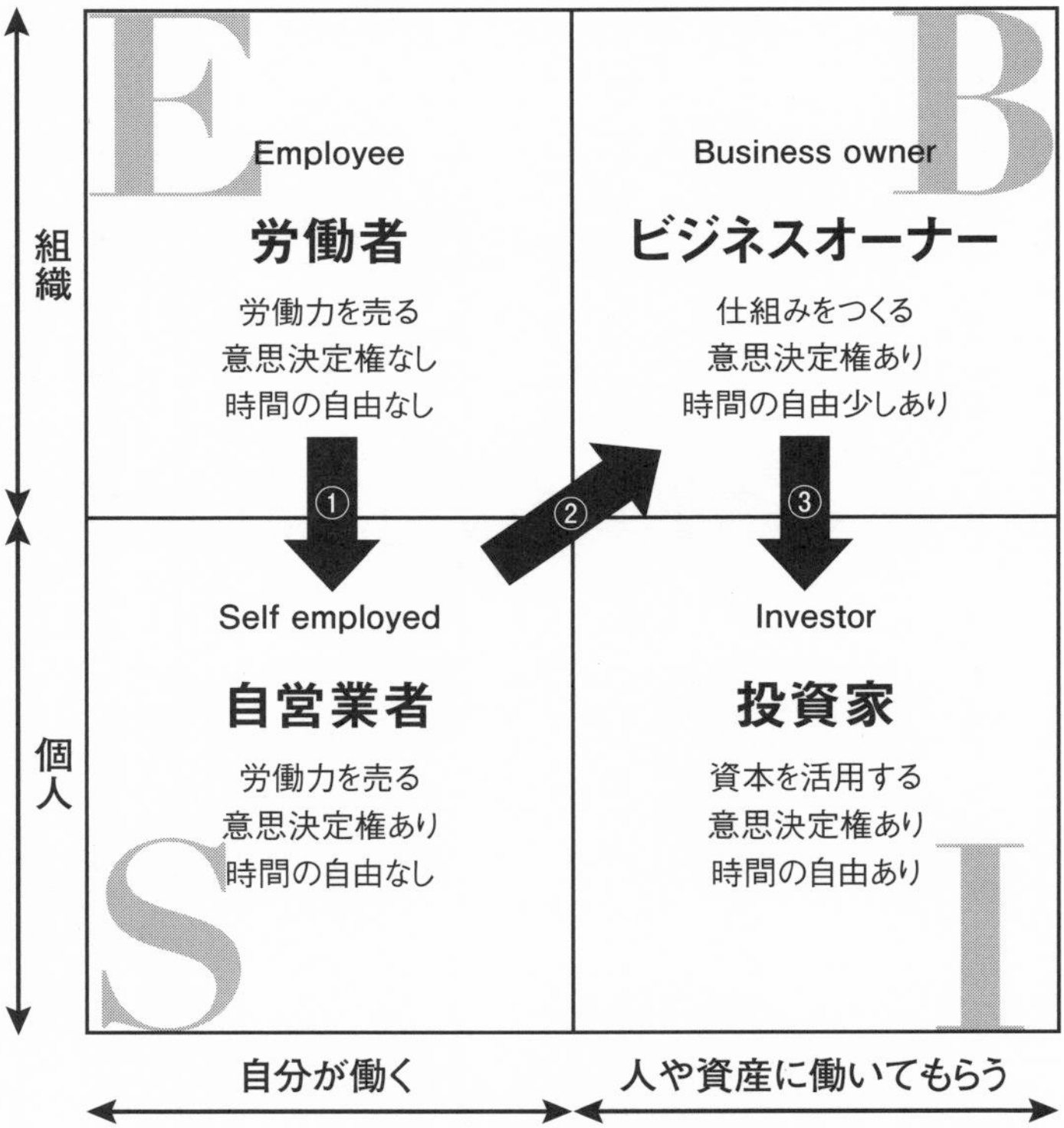
E
Employee
労働者
労働力を売る
意思決定権なし
時間の自由なし
B
Business owner
ビジネスオーナー
仕組みをつくる
意思決定権あり
時間の自由少しあり
①
②
③
Self employed
自営業者
労働力を売る
意思決定権あり
時間の自由なし
S
Investor
投資家
資本を活用する
意思決定権あり
時間の自由あり
I
組織
個人
自分が働く
人や資産に働いてもらう

今では家賃収入が年間1億円を超えるまでになりましたが、開業してから18年目であることを考えると、少しペースが遅すぎた気もしています。

自らの経験も踏まえ、数多くの超資産家に対する助言と検証から生まれた、本書でも解説していく「東京不動産投資」の本質は以下の5つです。

①リスクマネジメントを徹底する
②時間割引率を低くする
③B／S思考、特にROA分析に着目する
④レバレッジを効果的に活用する
⑤入口と出口を見据えたエクストリーム理論を理解する

詳しくは、本書を読み進めながら理解を深めてください。

超資産家であれば、相続や事業承継の悩みは避けられません。プライベートカンパニーを活用した、さまざまな相続対策も紹介いたしました。

第1部では、多くの資産があっても不安や心配に苛まれる資産家がいるのはなぜなのかを探りつつ、不動産投資によってそれを解消していく方法論を整理します。

方法論とはいえ、ここでお話することは不動産投資の「本質」です。「本質」は往々にして、世間で一般的に言われていることとは違います。むしろ、多くの人が気づかずにいながら、現場では極めて役立つ独創的な発想のことです。

これまで不動産投資の実践的理論をいささかなりとも切り開いてきたと自負する私のある意味、集大成となる内容です。

第2部では実際の超資産家へのコンサルティング事例を6つ紹介させていただきました。事例はリアリティがあるので、迫力があります。

しかしながらプライバシーに関わることなので、超資産家の方に協力いただけるか心配していましたが、皆さん快く掲載を承諾してくださいました。超資産家の皆さんのご協力で本書が完成したのです。

事実に基づき、細かいところまで記載をさせていただきました。近い境遇の方はそのまま役に立つと思いますし、具体的なストーリーの裏にある本質を抽象化すれば、プロフェッショナルの皆さんにとっても役に立つと信じております。

第3部では、超資産家との間で交わした、よくある質疑応答（Q&A）をまとめました。自らの資産をかけてリスクを取った超資産家の皆さんの質問に対し、こちらも考えに考え抜いて答えた結論が記載されています。

よくある取扱説明書的なQ&Aではなく、人生をかけた真剣勝負のQ&Aです。第1部の基本と、第2部の事例を踏まえながら、第3部のQ&Aを読むことにより、一層理解が深まるものと思います。

「東京不動産投資」というタイトルにもあるように、投資エリアを東京圏に絞ったのは、これからの不動産投資で最も投資環境が優れているのは東京圏だと判断しているからです。

私は成長するアジアや世界をけん引する米国での不動産投資の経験もありますが、何と言っても東京圏の不動産投資が一番だと考えています。

さらに言えば、個人投資家にとってはオフィスビルや商業ビル、物流施設ではなく、賃貸マンションが最も成功しやすいでしょう。

どこまで行ってもビルや住宅が連綿と続くメガロポリス東京は、人口３６００万人を抱え、世界一の商圏人口を誇ります。ニューヨークやロンドンに勝る資産総額です。

世界有数の投資会社ブラックストーン社やアジアのＰＡＧ社などには、コロナの影響もあり、今、東京圏以外には不動産の投資先が見つからないとの声もあるほどです。

日本ではゼロ金利政策が続き、金利負担も他国と比べて圧倒的に低いままです。また、土地本位制、不動産担保主義の日本の金融機関は、わずかな自己資金に対しても融資付けしてくれます。イールドギャップが大きく、自己資金に対するリターンは世界一でしょう。

とはいうものの、リスクマネジメントから始まる不動産投資の本質を理解した上でなければ、不動産投資はリスクが大きいのも事実です。

本書がビリオネアの皆さんとこれからビリオネアを目指す皆さんにとって、成功へのベンチマークとなれば幸いです。

目次

〈第3章〉不動産投資で成功するのは「時間割引率」の低い人

投資の本質を理解して判断と行動に移す

〈第4章〉入念なリスクマネジメントと計算に基づいたリスクテイク

分析した客観的数値によって管理・検証する

第2部 それぞれの〝幸せ〟を目指す不動産ビリオネアたち

〈ケース3〉不良資産の買い換えで純資産の拡大サイクルへ

「事業用資産の買い換え特例」とレバレッジの徹底活用

〈ケース6〉事業承継にあたり資産への組み換えを決断

先祖伝来のくびきを絶って立地の資産性にこだわる

第3部 不動産投資の本質に迫るビリオネアとのQ&A

〈第1章〉不動産に投資をするのはイメージが悪いことなのか

不動産投資の本質は人助けにあると心しておこう

〈第2章〉リスクマネジメントはどのようにすればよいか

リスクとリターンの関係をしっかり理解しよう

〈第3章〉「投資家脳」になるにはどうすればよいか

出口とB/Sとアセットマネジメントを意識しよう

〈第4章〉優良物件の見極め方はどうすればよいか

不動産アービトラージを理解しよう

〈第7章〉相続対策のために不動産投資はどうすべきか

プライベートカンパニーを上手に活用しよう

第1部

不安な“資産家”から充実人生の“投資家”へ

第1部ではまず、多くの資産があるのに、どうして不安や心配に
苛まれる資産家がいるのかについて探っていきます。
そして、不動産投資によって
それを解消していく方法論を整理します。
方法論とはいえ、ここでお話することは
不動産投資の「本質」です。「本質」は往々にして、
世間で一般的に言われていることとは違います。
むしろ、多くの人が気づかずにいながら、
現場では極めて役立つ独創的な発想のことです。

第1章

財産への〝守り〟の意識が資産家を襲う不幸の根源

長期的な視点での継続的な対応が重要となる

日々〝失う恐怖〟と闘っている資産家たち

「自分はなんで資産家の家系に生まれなかったんだろう」

「毎日、頑張っているけど、なかなか資産家にはなれそうにないな」

世の中には、そんな不満を持つ人もいるようです。

しかし、資産家の幸福度が意外に高くないことはあまり知られていません。

最近の国際調査によると、楽しみや笑顔といったポジティブな感情と所得の相関関係は、日本を含む東アジアでは6万ドル（約660万円）をピークに頭打ちになるそうです。ある程度、収入と比例して幸福度が上がるのは確かですが、一定レベルを超えるとあまり上がらなくなるのです。人生、お金がすべてではありませんし、お金で買えない幸せがたくさんあることも私たちは知っています。

ただ、それだけでなく、資産家は資産家なりの不安や悩みの中で生きています。

最大の理由は、〝失う恐怖〟です。地主系の資産家であれば、「20数代続いている一族の資産を自分の代で減らしては、ご先祖様に申し訳ない」などというプレッシャーが尋常ではありません。

少し前まで、日本では過酷な相続税のせいで、相続が3代続けば資産がなくなるとも言われてきました。建築会社、農協、銀行、税理士などからは、「相続が発生したとき、手元に現金がなければ相続税が払えず、奥さんやお子さんが相続破産することもありますよ」などと繰り返し聞かされたりします。

今は相続税の累進性も緩和され、地主系の資産家なら土地を売れば相続税は払えますし、土地を売るのが嫌なら、資産管理会社にアパートを売却するなどして納税はできます。さすがに3代で資産を失うことはまずないでしょう。

それでも、毎年の固定資産税の負担は重くのしかかってきます。あるいは、相続税の支払いに備えてアパートなどを建ててみたものの、逆に賃料の下落、空室率の上昇、修繕費の増加といったストレスに見舞われたりします。

きちんと客観的に考え、正しい判断と準備ができればそう恐れる必要はないのですが、自分の頭の中で不安と心配がどんどん膨らんでいくのです。

こうした傾向は2代目以降ほど大きいようです。初代はその才覚で果敢にリスクにチャレンジして成功した体験があるため、年を重ねても基本的に前向きです。それに対し、物心ついたときから資産がある環境で育った2代目ほど、失う恐怖との闘いが待っています。

中には、先代とは違うこと、違うやり方に挑戦する2代目もいます。その場合は先代を意識しすぎることがネックになりがちです。5年ほど前に勃発した大手家具販売会社における経営者親子の対立は、その典型ではなかったかと思います。

本心からの〝贈与〟が生む人間関係の豊かさ

日本では、お金は汚いものであり、資産家はそれだけで悪代官のようなイメージで見られがちだということもあります。

知人や友人に、自分が資産家であることをなかなか言えません。資産がどれくらいあって、収入がいくらかなど口に出すのも憚られ、相当気を遣って生活しなければなりません。いつしか、経営者同士の集まりや、地主・家主の会、名門のゴルフコースメンバーといった狭いコミュニティが心地良く、そこに閉じこもりがちになります。

社会との付き合いが減ってくるのと比例して増えるのが、お金目当てで近づいてくる人たちです。

ある地主の方に、「なぜまったく儲からないアパートをあんなところに建てたのですか？」と尋ねたところ、「アパートメーカーの営業マンが毎日訪ねてくるんですよ。一緒に草取りをしてくれたりはしますが、とにかくうっとうしい。そのうち顔も見たくなくなって、建てればもう来なくなるだろうと思って契約したんです」との答えでした。

半分冗談でしょうが、半分本心だと思います。

業者のセミナーに参加すれば、これでもかというほど景品を持たせてくれます。中には、海外旅行に招待され、その後、断わりづらくなって、その会社の高額商品を買わされてしまい、後悔するということも珍しくありません。

そういうことが続くと、次第に人間不信になってきます。自己責任と言えば自己責任ですが、誘惑に囲まれている境遇自体が、不幸のもとです。

資産があっても、不安や心配、恐怖などからお金を自由に使うことができず、心から楽しめる時間が思ったほどありません。

何より、豊かな人間関係が築きにくくなります。繰り返しになりますが、集まってくる中に「こちらからぜひ付き合いたい」と思う人は少なく、ましてや心から「何かしてあげたい」というような人はまず見当たりません。

それに比べ、地方の田舎に行くと、自分のところで取れた野菜や果物、魚などをお互いお裾分けし合うのが当たり前の近所付き合いがあり、たまたま訪れた部外者から見ても、何とも言えない豊かさが伝わってきます。

「何かをしてあげる」という関係は、社会学的に言えば「贈与」ということです。贈与するのは品物や労務、金品だけでなく、現代であれば自分の持っている人脈や情報、技術なども含まれるでしょう。

社会生活において、経済合理性をベースにした「契約」や「交換」といった関係はもちろん重要ですが、それとともに打算のない本心からの「贈与」にこそ、人間関係の豊かさの鍵があるように思います。

近視眼的な対応では変化についていけない

今、資産家にとって新たな問題になっているのが、社会の急激な変化です。２０２０年は歴史の大きな転換点だったと思います。２０２１年、ここから新しい時代がやってくる予感がします。

ナショナリズムとグローバリズムの綱引き、コロナ禍でさかんに言われた人の命優先か経済優先かの議論、あるいは緊急事態では民主主義より強権的な体制のほうが有利ではないかという疑問、宗教を巡る終わりの見えない対立などが世界中に広がっています。

そして、アメリカでも日本でも中間層が次第に消え、超富裕層、富裕層、貧困層に社会が分断される流れが顕著です。

こうした傾向は今後、さらに加速していくのではないでしょうか。

老若男女が手にしているスマートフォンの外見はどれも同じように見えますが、中に入っているデータや届く情報は人それぞれ、その人の好みによって異なります。

いつの間にか、自分に都合の良い情報や同じ価値観を持つ仲間の発言にしか触れることがなくなり、そのことで自分の考えや信念が固定化し、同じ現実を目の前にしながら、一人ひとり目に映る世界がまったく違ったものになってきています。

コロナ禍の混乱や２０２０年の米国大統領選挙を巡る騒動の根底にあるのは、まさにそういうことです。自分が一度信じたものがどんどん増幅され、情報化社会でありながら、逆に視野が狭くなるという逆説が広がっています。

ＩｏＴ（モノのインターネット）、ＡＩ（人工知能）、ＤＸ（デジタルトランスフォーメーション）といった新しい技術も、私たち一人ひとりの働き方、生き方、人間関係、ライフスタイルをさらに大きく変えることが予想されます。

相続対策や土地活用、そして不動産投資も同じです。

従来から言われている手法は陳腐化し、通用しなくなっています。一度すべてをゼロベースから考え直し、本質に立ち返る時期に来ています。

これまで資産家は、「いかに所有する資産を守るか」「所得税や住民税をどれだけ減らすか」「相続税をどうやって払わないで済ませるか」といった近視眼的で、かつ単発的な取り組みが多かったように感じます。

インフレ基調で右肩上がりの経済状況であれば、それでも何とかなりました。しかし、長引くデフレに加え、少子高齢化の進行、新型コロナの出現やさまざまな自然災害の多発、その対応でさらに増え続ける国の借金など、社会も経済も先行きは不透明になるばかりです。

それゆえ、資産家が資産家であり続けるには、長期的な視点での継続的な対応が欠かせなくなっています。例えば、「収益性の低い不良資産を成長性の高い優良な資産に組み換えていく」ことや「純資産が自然に増えていく仕組みづくりをする」ことに、今すぐにでも着手しなくてはなりません。

第2章

不動産投資の特徴とこれから克服すべき課題

賃貸経営を行うことの「パーパス」を考える

さまざまな投資対象と投資手法

そもそも投資には、さまざまな商品と手法があります。

代表的なのが「株式」です。長期的に応援したい企業、将来成長すると思われる企業の株を買い、その配当を享受するとともに、将来の株の価値向上を期待します。資本主義社会において、「株式」は主流の中の主流に位置づけられる投資対象です。

ただし、「株式」でも短期的に利ザヤを狙うデイトレは、むしろ投機に近く、外国為替の「FX」やビットコインなどの「仮想通貨」も同じです。

国債や社債などの「債券」は、市場規模が最も大きな金融商品ですが、機関投資家が中心のマーケットであり、個人投資家にとっては少し縁遠いかもしれません。

原油、金銀、プラチナ、小麦や大豆などの「商品」も昔からある投資対象ですが、素人にとってはボラティリティ（価格の変動幅）が大きすぎてなかなか手が出せません。

発想を変えれば、自分で事業を立ち上げるのも有力な投資の選択肢です。ただ、やってみないとうまくいくのかわかりません。多くの自営業者は10年持たないと言われ、生き残るのは10％もありません。

不動産投資の５つの特徴

さまざまな投資対象、投資手法がある中で、安定性が高く、そこそこリターンが狙えるものとして、アパートや賃貸マンション、オフィスビルといった「収益不動産」の右に出るものはないと、私は考えています。

いわゆる「ミドルリスク・ミドルリターン」の手法とされる不動産投資の特徴を以下に挙げてみます。

I. 不動産にはまったく同じものがない

土地にしろ、建物にしろ、不動産はその立地や規模、形などそれぞれ異なります。価格の見方もさまざまで、土地と建築費の相場観から算出する「積算価格」もあれば、家賃収入から逆算して決める「収益還元価格」、あるいはディベロッパーなどが開発事業の採算性から逆算して算出する「開発法価格」などがあります。さらに言えば、人によって好みが違い、価値の重みづけもさまざまです。

そのため、売主においても買主においても値付けの基準があいまいで、買い方や売り方ひとつで価格が大きく違ってきます。不動産鑑定士による鑑定評価書もあるにはあるのですが、鑑定士の感性により価格の乖離が見られるのはよく経験するところです。

逆に言うと、不動産は上手な売り方をすれば高く売れ、上手な買い方をすれば安く買えます。投資の視点からは、利益を得るチャンスがあるということです。

このあたりの感性が「目利き」と言われるところですが、不動産投資においてはあくまで数値で捉え、金融商品と同じように客観的に価値判断をすることが重要です。その代表例が、収益還元法のひとつである「DCF（ディスカウント・キャッシュフロー）法」です（次ページ

［図表2］収益不動産の価値を「将来に稼ぎ出す収益」から計算するDCF法

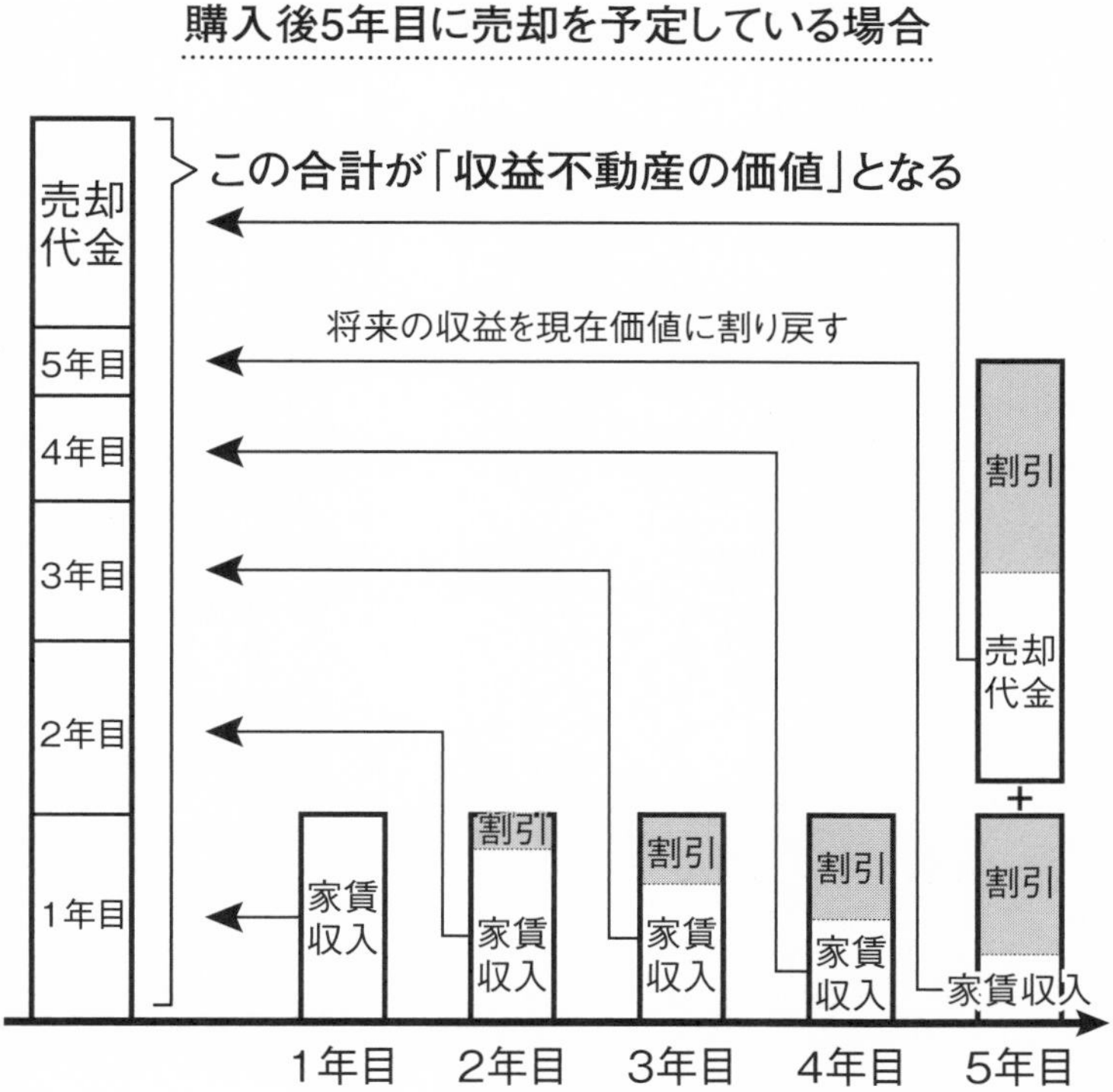

図表2）。将来の収益を現在価値に割り戻して算出することで、リスクマネジメントが可能となります。

不動産投資を学ぶにはまず、このＤＣＦ法の考え方をマスターし、自身の投資判断軸をつくることをお勧めします。

Ⅱ．レバレッジ効果が大きい

日本語には「レバレッジ」という言葉の訳がないので、その本質を伝えるのは難しいのですが、敢えて言い換えれば、「梃《てこ》の原理を使った投資効果」ということです。

少し噛み砕いて、わかりやすく説明してみましょう。

仮に自己資金1億円で1億円の収益不動産を購入し、表面利回りが4％とすれば、1年間の家賃収入は４００万円です。この場合、自己資金に対する利回りも4％です。

一方、自己資金1億円に9億円の融資を組み合わせ、10億円の収益不動産を購入すれば、同じく表面利回り4％で1年間の家賃収入は４０００万円。金利負担が１０００万円としても、実質収入は３０００万円です。この場合、自己資金に対する利回りは30％に跳ね上がります（次ページ図表3）。

［図表３］レバレッジ効果の具体例

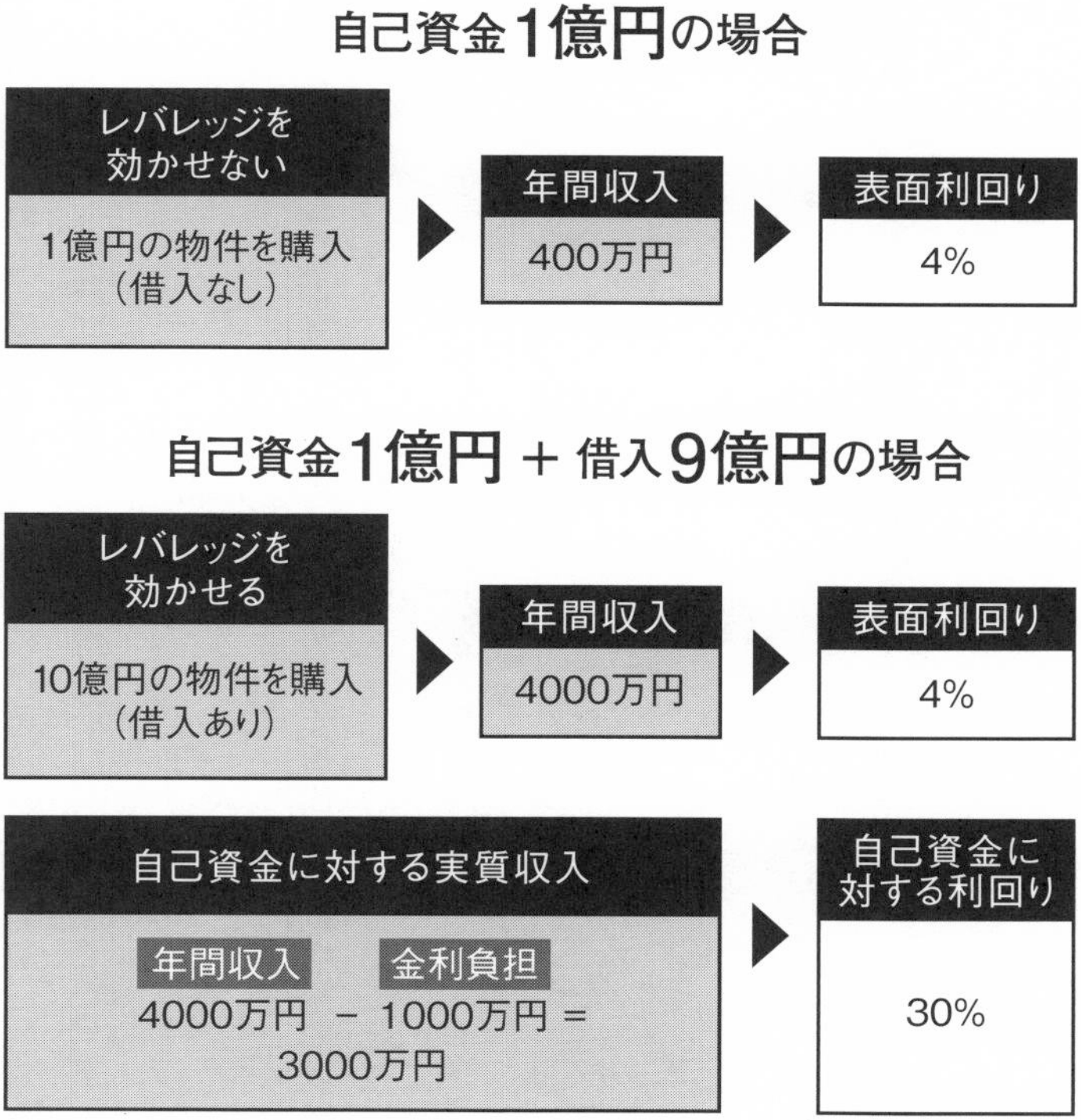

同じ自己資金1億円の投資でも、融資を組み合わせるかどうかでこれだけの差が出るのは驚きです。これが「レバレッジ＝梃の原理を使った投資効果」ということです。

一方、購入から5年後に売却する際、その間に得た利益分以上に値下がりしていたら、元本割れすることもあり得ます。

自己資金1億円で1億円の収益不動産を購入した場合、1億円をどれだけ割り込むかですが、土地や建物があるのでまったくゼロになることはないでしょう。一方、9億円の融資を組み合わせて10億円の収益不動産を購入した場合は、値下がりの程度によっては投下資金の1億円を丸々失うかもしれません。「逆レバレッジ」の影響です。

レバレッジはうまく使えば大きな味方になってくれますが、逆効果になると大きな損失を被ることもあります。

結局、不動産投資では売却時の価格が大変重要なのです。

Ⅲ. 付加価値をつけることができる

株式など金融商品にはそれぞれ相場があり、多くの参加者の取引によって価格が決まります。そのため、自分一人の努力や工夫で価値を上げるということは事実上、不可能です。

それに対して収益不動産では、自らその資産価値を上げることができます。現に、不動産投資ファンドは、物件取得後にさまざまな手段を講じて賃料を上げ、経費を削減し、ネット利益を高めることで取得時より高く売却します。そして、投資家に高配当を出すのです。

これは逆に言えば、現状の管理が良くなく、賃料の値上げや経費削減の余地があるような物件を割安で取得し、価値創造をしているとも言えます。

賃料を上げる手段としては、物件を購入して新しい所有者になったタイミングで、近隣相場より安いことを説明して賃料改定してもらうのが典型的です。賃料改定の代わりに、エレベーターやエントランスを綺麗にお化粧して満足度を上げるといったこともします。

また、定期借家契約に切り替え、契約終了時に賃料を上げるか、もしくは普通借家の場合には更新時にこまめに賃料を上げる交渉を行います。

個人投資家も、その気になればできないことはありません。建物のエントランスホールにおしゃれな絵画や家具を置き、照明に工夫を凝らすなど、入居者の満足度を上げて賃料の値上げを実現するのです。

ところが、多くの個人投資家は逆をやりがちです。例えば、共用廊下の蛍光灯の半分を外して電気代を節約する。募集時に入居斡旋業者への広告費をケチり、入居者がなかなか入らなくて賃料を下げざるを得ない状況に陥る。修繕費、清掃費を出し渋る……。

これらはいわゆる「時間割引率の高い」行為であり、目先の損失を最小限にしようとするあまりに、将来の大きな利益を失っていることに気づいていません。利益喪失に気づくのは売却するときですが、物件の市場価値は下がっており、時すでに遅しです。

また、個人投資家のやり方を見ていると、用途が最有効使用になっていないケースも多いです。現に、事務所で貸していたものを店舗に変えることによって、賃料が50%アップしたりします。場所によっては古い倉庫をカフェに変更して、繁盛するということもあります。

耐用年数を超えた賃貸マンションやビルの場合、土地値で買い、使えなくなるギリギリまで賃料を得て投下資本をある程度回収し、その後、建て替えるということもあり得ます。

とりわけ、容積率が余っている場合には、建て替えによって専有面積が増加して売上増につながります。

地主系の資産家が持っている土地にアパートを建てるケースも、その多くが最有効使用になっていません。バス便で本来、アパートを建ててはいけない場所なのに建てているからです。アパートメーカーの担当者などから「相続対策になる」と勧められ、理由もわからずに建ててしまって後悔するケースが後を絶ちません。

その土地の最有効使用は何かを考え、例えば、建売住宅が最有効使用である場合は、その土地を建売会社に売却し、その資金で駅近の土地を買って賃貸マンションを建てるか、もしくは収益不動産を購入すべきです。

このような話は、そもそも何のために不動産投資をするのかという目的（パーパス）がぼんやりしており、とりあえず目先の（それも営業マンなどに言われた）相続対策をしているから起こる失敗です。

Ⅳ. 実物資産である

今の世の中、キャッシュは通帳に印字されているだけのもので、実態がないと言っては言いすぎでしょうか。

株式投資でも、もはや株券は発行されておらず、債券投資の国債なども同じです。ブロックチェーン技術を使うという触れ込みの仮想通貨など、さらに実態が見えません。

それに対し、金（ゴールド）は実物資産ですが、配当も利息も賃料も発生しません。

一方、不動産は土地や建物という目に見える実物であり、安心感があります。大地震や大洪水でも起こらない限りはなくなりません。

道路づけが良く、道路幅もあるような建物の場合、一際存在感が引き立ちます。風格のある建物なら、将来の出口（売却）も見通しやすいでしょう。なぜなら、人間は感覚で判断することが多く、見栄えで一目惚れして購入することが多いからです。

そもそも収益不動産では日々、テナントの生活や営みが行われています。オーナーとしてそうした場を提供し、社会貢献している実感を味わうこともできます。

V. 売上がある程度読める

収益不動産への投資を経営として見た場合、これほど売上が読みやすい事業はありません。一般的な事業では、実際にスタートしてみないと、どれだけ顧客が来てくれるかもわからないし、その顧客単価もわかりません。事業計画はエクセル上で自由にシミュレーションすることはできますが、実際にはその通りに行くことは少ないものです。

一方、収益不動産による賃貸経営であれば、近隣相場を調べれば、どのくらいの家賃なら入居者がつくか、概ね想定できます。

難しいのは家賃の「値付け」です。すぐに満室になったと喜んではいけません。そこはむしろ、値付けが甘かったと思う必要があります。次に空室になったら、少し家賃を上げようといった判断をして、管理会社にその旨を伝えなくてはなりません。

募集方法によっても賃料は変わってきます。敷金ゼロ、礼金ゼロ、フリーレント2カ月、斡旋業者への広告費2カ月といった募集条件にすると、斡旋業者の社員もやる気が出ますし、入居者も目先の負担が少ないので、多少家賃が高いなあと感じても入ってくれます。

この募集方法で賃料を10％上げられたら、収益還元法による物件価値は10％上がる計算になります。3億円の収益不動産の価値が3・3億円になるのです。

逆に言えば、募集方法まで調べて収益不動産を購入しないと、痛い目に遭うかもしれない点は注意が必要です。

不動産投資においても重要性を増す「パーパス」

最近、企業経営で注目されているのが、「**パーパス（Purpose）**」という概念です。「パーパス」は一般的には「目的」と訳されますが、最近の企業経営やブランドマーケティングにおける議論では「社会的な存在意義」という意味で使われます。

自社はなぜ存在しているのか、自分たちは何のために事業を行うのか、といった問いへの答えが「パーパス」です。

「パーパス」を明確にすることによって、一貫性のある戦略を描くことができ、組織や関係者に一体感が生まれます。「パーパス」に共感するメンバーは高いモチベーションで能力を発揮してくれ、事業やプロジェクトがスムーズに進みます。そうして生まれた製品・サービスが顧客の共感や支持を増やし、売上や利益につながることで、企業の持続的な発展と成長が可能になるのです。

私はこれからの時代、不動産投資においても「パーパス」が重要だと考えています。なぜなら、不動産投資は「投資」という言葉が使われますが、多くの場合、実態においては株式など金融商品への投資とは違い、アパートや賃貸マンション、オフィスビルなどの空間（スペース）を貸して賃料収入を得る「賃貸経営」という事業だからです。

「賃貸経営」を行うのが個人（投資家）であろうが法人（資産管理会社）であろうが、そこでは企業と同じ経営が行われているのです。そう考えれば、「賃貸経営」という事業を行う自分（自社）はなぜ存在しているのか、自分たちは何のために「賃貸経営」を行うのか、ということを今一度、明確にする必要があると思います。

そもそも人口減少時代に、まだ賃貸住宅は必要なのでしょうか。空き家問題が全国に広がっているのに、賃貸住宅を誰が求めているのでしょうか。それでもアパートやマンションなどの「賃貸経営」を行う社会的意義とは何なのでしょうか。

賃貸経営の「パーパス」を考える際の２つの軸

答えはいろいろあると思いますが、不動産投資による「賃貸経営」におけるパーパスを考えるには、大きく２つの軸があると思います。

ひとつは、「賃貸経営」の顧客側の軸、すなわち入居者が何を求めているかです。

日本の持ち家率は実は60％程度であり、もともと20代が20％未満なのに加え、30代や40代の持ち家率も年々下がってきています（次ページ図表４）。住宅数そのものは世帯数を大幅に上回っていますが、質の高い賃貸住宅へのニーズはまだまだ根強いものがあります。

もうひとつは、「賃貸経営」を行う側の軸、つまり投資家として大切な目的は何かということです。

従来から、相続対策や土地活用といったことが言われてきましたが、それらの多くは近視眼

［図表４］世帯主の年齢別持ち家率の推移

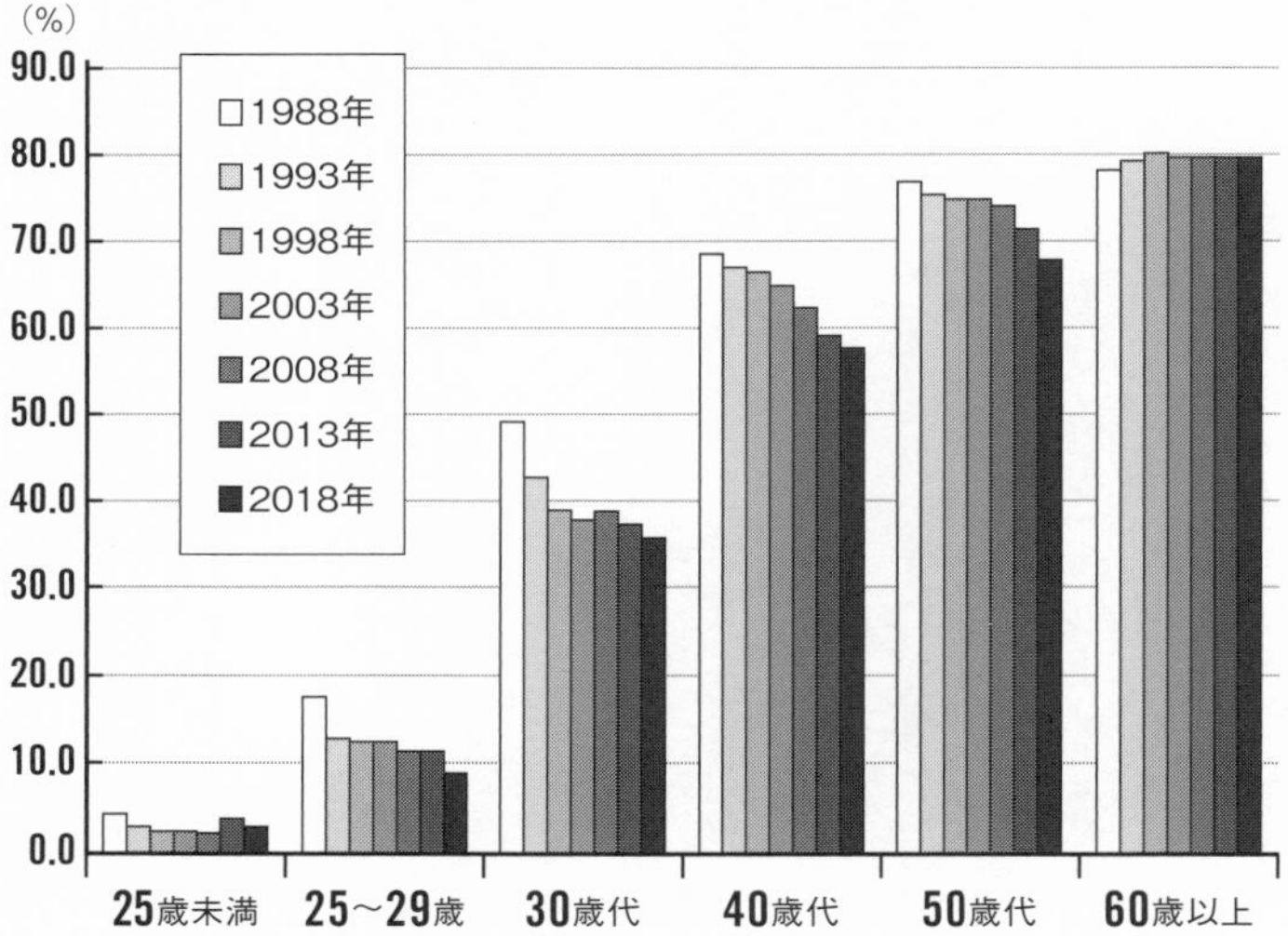

※総務省統計局「住宅・土地統計調査」
参考：https://www.daiwahouse.co.jp/tochikatsu/souken/scolumn/sclm303-2.html

的で単発的なため、とんでもなく合理性に欠けているケースが少なくなかったように思います。これからの時代、「賃貸経営」はもっと長期的な視点で、資産の継続的な拡大を意識することが不可欠だと思います。

この2つの軸から考えたとき、「賃貸経営」のパーパスとは**「入居者の支持を獲得する」**ということに尽きるのではないでしょうか。

多くの入居者が支持してくれれば、空室になっても賃料を下げることなく、すぐ次の入居者が見つかり、場合によってはむしろ上げることもできるかもしれません。

逆に、入居者の支持が少なければ、なかなか空室が埋まらず、やむを得ず賃料を下げてしまうことになり、あとはどんどん負のスパイラルに入っていきます。

これだと収益不動産としての価値が下がり、出口（売却時）で損が出てしまいます。ローンの元金を返済した分以上に売却損が出てしまっては、投資としても「賃貸経営」としても失敗です。

例えば、ハウスメーカーなどの口車に乗って、入居者がほとんど見込めないような立地に割高な建設費で豪華なアパートや賃貸マンションを建ててしまうようなケースです。

利他の精神で周りに〝与えられる〟人になる

「入居者の支持を獲得する」というパーパスには、周りの協力を得るという意味もあります。

なぜなら、アパートやマンションの賃貸経営では、銀行、賃貸管理会社、不動産仲介業者、プロパティマネジメント会社、ビル管理会社、税理士、司法書士、土地家屋調査士、不動産鑑定士、建築会社、設計士、インテリアコーディネーター、リフォーム会社、ディベロッパー、保険会社、保証会社、コンサルタント等の協力が不可欠です。こうしたプロたちの協力があって初めて、「入居者の支持を獲得する」ことができるのです。

そのためには、周りに〝与えられる〟人になり、多くの人の共感を得なければなりません。お金さえ払えばいい、という問題ではありません。お金だけでは人は動いてくれません。特に、優秀な人には仕事の依頼が集中しており、なかなか仕事を受けてもらうことができませんし、ましてや利己的な人を優先してくれることはまずありません。

私利私欲だけでなく、社会に良いインパクトを与えるプロジェクトであれば、周りの人の共感を得やすくなります。優秀な専門家の共感を得て力を貸してもらえれば、それだけ良い条件で話をまとめることができ、時間も節約できます。特に、大きな金額が動く不動産投資において、また変化のスピードが速くなるこれからの時代であれば、なおさらです。

もう少し、この点を掘り下げておきましょう。

不動産投資の成否を分ける最大のカギは、優良な物件情報の入手です。優良な物件情報が入手できるのは、何も不動産仲介業者からだけではありません。

むしろ、本当に良い情報は税理士、銀行員、不動産鑑定士など不動産仲介業者以外からのほうが多いでしょう。

日頃から、それぞれの専門家、取引業者の立場やニーズ、ウォンツを理解し、それぞれの専門家、取引業者が気持ち良く、楽に仕事ができるよう配慮してあげなくてはなりません。

例えば、銀行との取引において、資産家なら決算書や申告書を3期分用意するだけでなく、持っている資産を「所有不動産・財産状況一覧表」（次ページ図表5）にまとめて、属性やリスクの判断がしやすいようにしておきます。

そして、いざ融資の申し込みをする際には、なるべく担当者が銀行本部に上げる稟議書をスムーズに作成できるようにお膳立てできるとよいでしょう。

[図表5] 所有不動産・財産状況一覧表の例

物件No.	1	2	3
所有者	㈱FUKUTA		
物件名	ティーグル渋谷		
取得日	2020年3月1日		
売買金額(税込)	300,000,000円		
所在　住居表示	東京都渋谷区・・・		
地番	○○番○		
家屋番号	○○番○		
交通	JR山手線「渋谷」駅 徒歩15分		
種別	共同住宅		
土地地積	130㎡		
建物構造	鉄筋コンクリート造5階建て		
延床面積	420㎡		
貸床面積	320㎡		
賃貸区画	1K×9戸、1DK×5戸		
建築年月	2020年2月		
検査済証	有		
用途地域	準工業地域		
建蔽率／容積率	60%／300%		
満室想定賃料/年（税込）	16,200,000円		
稼働率（賃料ベース）	100%		
満室想定表面利回り	5.40%		
管理会社	㈱○○管理会社		
売主	㈱○○不動産		
土地固定資産評価	47,000,000円		
建物固定資産評価	60,000,000円		
固定資産評価合計	107,000,000円		
鑑定評価額	300,000,000円		
融資額	300,000,000円		
融資残額	288,571,429円		
純資産（鑑定評価額－融資残額）	11,428,571円		
融資条件	元金均等、35年返済、1%		
月間返済額	955,357円		
月間収入－月間返済額	394,643円		
融資銀行・支店名	○○銀行　○○支店		

稟議書作成のお膳立てでは、とりわけキャッシュのエビデンスや他の金融機関での借入状況、担保設定の状況を明確に伝えることが大切です。妙な隠し立ては後々、銀行との関係に致命的な影響を与えるので注意しましょう。

また、銀行としては相続が発生した後、相続人の間でトラブルになるのではないかとの心配もあるので、分割計画や遺言書などで次の後継者への橋渡しが計画的になっていると、安心して融資してもらうことができます。

銀行はあらゆるリスクを考慮して融資の可否を判断するので、リスクマネジメントを行う意味においても金融機関の意向をよく知ることが大切です。

賃貸管理会社も重要です。

数多くの物件を預かり、さまざまな物件の空室を埋めなくてはならない場合、どのオーナーの物件から優先して対応するでしょうか。

早く埋めてくれと毎日電話してくる〝うるさい人〟でしょうか。確かに、うるさい人の物件が埋まりやすいという傾向もあります。しかしながら、人間は誰しも感情があります。あまりにうるさい人や上から目線のオーナーは、逆に後回しにされることもあるでしょう。

大切なのは、日頃から良い人間関係をつくっておくことです。良い人間関係とは、例えば賃貸管理会社から修繕の依頼が来たらすぐ返事をする、賃料の見直しが必要なら素早くジャッジする、入居者を決めてくれたら感謝の気持ちを言葉や態度や形で伝える、などです。

ケチで優柔不断なオーナーは嫌われます。結果的に、空室が埋まりにくくなり、賃料が下がり、所有する収益不動産の資産価値が下がり、銀行の信用を失う、といった負の連鎖となってしまいます。

「利他」とか「与える」と言うと、ついこちらが損をすると思いがちですが、そうではありません。相手の立場、相手の気持ちを思って、こちらにできることを率先して行うというだけのことです。

それは時として、お金のこともあるでしょう。しかし、それだけではありません。賞賛や感謝の気持ち、役立つ情報、優秀な人の紹介、場を明るくしたり勇気づけたりするような発言など、誰にでもそれぞれ有形無形の〝与えられるもの〟があるはずです。

いつも周りに与える人は、人気者になります。人気のある人の周りには、有益な情報が集まってきます。有益な情報があれば、不動産投資に限らず物事が成功しやすくなります。

まずは、人に与えることを考えましょう。お金は巡り巡って、後からついてくるので心配ありません。これこそが、ビリオネアの流儀にほかなりません。

「パーパス」から考える収益不動産の具体例

「賃貸経営」では、貸主（投資家）の立場と借主（入居者）の立場が時として対立することがあります。

企業経営においても、企業業績（売上と利益の拡大）と顧客満足（顧客メリットの拡大）は普通に考えれば、反対方向のベクトルを持ちます。しかし、それを矛盾ではなく統合していくのが経営の目的であり、醍醐味です。

不動産投資による「賃貸経営」も同じです。「入居者の支持を獲得する」というパーパスはそのためにあります。個人であれ法人であれ、入居者に選び続けられる収益不動産を持つことが、「賃貸経営」で成功する大前提なのです。

単に見かけ上の利回りが良さそうだから投資をするとか、有名なブランド立地だから投資をするとかではいけません。想定する入居者像を明確にし、そのニーズを掴み、入居者に選んで良かったと思われることが核心になります。

ところが実際には、以下のような不満を与えているケースが少なくありません。

「入居してみたら、隣の音がまる聞こえ」

「駅から遠くて、寒空の雨の中、10分以上歩くのはつらい」

「引っ越してすぐWi-Fiにつながらなかった」

ここで、「入居者の支持を獲得する」というパーパスから、収益不動産の具体例を考えてみましょう。

今も賃貸住宅の入居者として有力なターゲットは独身のサラリーマンであり、東京都心の企業に勤める若い独身者が満足するとしたら、次のような物件が想定できます。

・渋谷からドア・ツー・ドアで30分以内

・駅からは徒歩7分（600m程度）以内の立地

・建物は騒音に強いRC造のマンション

・設備はエアコン、インターネット、浴室乾燥機付き等のフル装備

ここに投資家の立場からは、次のような条件を加えることになるでしょう。

・建物は建築コストを抑えた壁式の鉄筋コンクリート造
・管理コストや将来の修繕コストを抑えるためにエレベーター無しの4階建て

あとは、具体的な物件ごとに投資額と想定賃料収入、ローンによるレバレッジ割合などを踏まえて、シミュレーションしながらリスクを検討します。

もうひとつ、いつの時代でも入居者のボリュームゾーンを形成しているのが、手頃な賃料で安心して暮らせる賃貸住宅を求めている層です。コロナ禍では、これまでより一段と家賃を切り詰めたいというニーズも顕著です。

そこで、コロナ禍で仕事を失った非正規雇用者が安心して暮らせる住居として、次のような物件が想定できます。

・都内であっても家賃が月5万円代
・エリアとしては城東・城北で駅から10分以内
・建物は木造耐火構造
・部屋はトイレとバスは別

ここに、投資家の立場からは、次のような条件を加えることになるでしょう。

・各部屋はコンパクトにして部屋数をたくさん取る
・土地を探して建ててもよいし、中古で購入してもよい

相反する条件をいかに満たすか。そのために知恵をとことん絞るのが経営マインドにほかなりません。そして、採算が取れる価格であれば買うし、そうでなければ買わないという判断をすればよいのです。

繰り返しになりますが、「パーパス」が根底にないと、目先の利回りや積算評価ばかり気にして、物件選びや運営方針がどんどんブレていきます。売主や仲介業者との関係でも、入居者との関係でも、自分の都合ばかり優先した利己的な行動に走りがちになります。「パーパス」を見失った、あるいは「パーパス」など眼中にない投資は結局、長期的には悪循環に陥り、悲惨な結果に終わることが多いように感じます。

第3章

不動産投資で成功するのは「時間割引率」の低い人

投資の本質を理解して判断と行動に移す

未来との距離感が「時間割引率」

不動産投資で資産形成を進めることは、誰にとっても取り組みやすく、結果を出しやすいと言えます。充実した資産家人生には不動産投資が最適である、というのが私の持論です。

ただ、それにはいくつかの条件があります。

前章で述べた「パーパス」もそのひとつですが、パーパスと並んで重要になるのが**「時間割引率」**です。

「時間割引率」とは「時間選好率」とも呼ばれ、心理学や行動経済学における概念のひとつです。一般的には、ある報酬の将来の価値（遅延報酬）が、現在の価値（即時報酬）よりどれだけ低く感じられるかを時間による割引率で考えることとされています。

時間割引率（時間選好率）は学術的には、双曲割引モデルによって説明されます。このモデルでは、時間割引率（時間選好率）が高いほど報酬価値が急激に下がり、将来の価値よりも現在の価値を大きく感じやすいことを図式化しています（次ページ図表6）。

ただ、これだけではちょっとよくわからないので、私はいつもその人が抱く「未来との距離感」のことであると説明しています。

未来が遠く、ボーッとしか感じられない人は、時間割引率が〝高い〟と言えます。

未来のことを具体的にイメージできず、つい目の前のことに引きずられ、近視眼的な判断で行動してしまいます。時間割引率（時間選好率）が高い人は、今ある目の前を優先しがちなのです。

一方、未来を具体的にリアルにイメージし、すぐ近くに感じることができる人は、時間割引率が〝低い〟と言えます。

自分の描く理想の未来に向かって長期的な視点で考えることができ、日々、具体的な行動を取ることができます。時間割引率（時間選好率）が低い人は、未来に向かっての自制心（セルフコントロール能力）が高いのです。

［図表６］「時間割引率」についての双曲割引モデル
（縦軸が報酬価値、横軸が遅延時間）

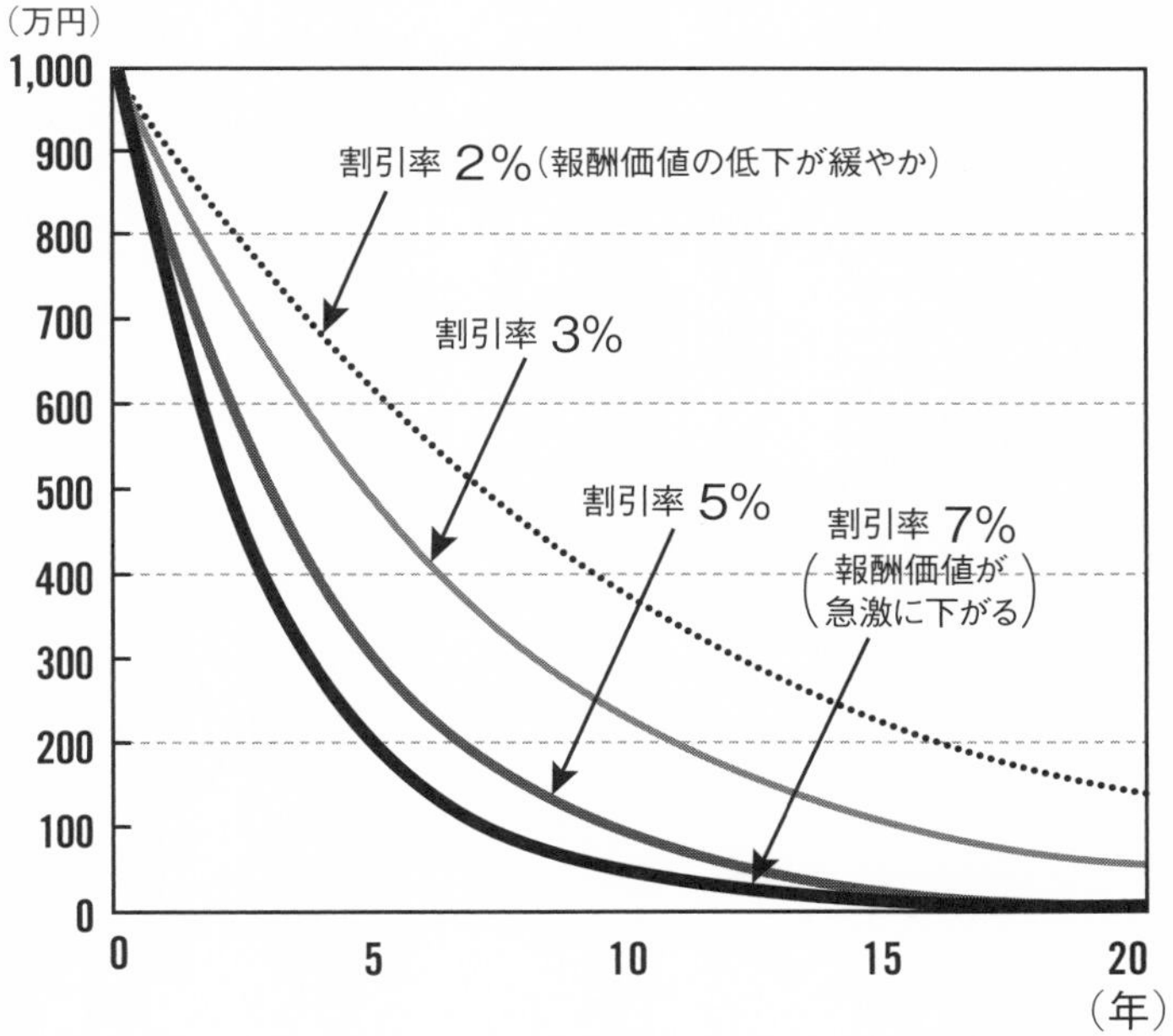

不動産投資で成功するのは「時間割引率の低い」人

不動産投資においては間違いなく、将来の利益を重視し、今を我慢できる「時間割引率の低い」人が成功します。時間割引率が低い人とは、例えば次のような人です。

- 2駅前で降りて歩く習慣を持っている
- スポーツジムに行って体を鍛えている
- 英語力が落ちないように英会話の勉強を続けている
- 朝4時に起きて社員や家族に手紙を書いている
- 本を読む習慣がある
- 積立貯蓄をやっている
- お酒はやめたか減酒している
- ジャンクフードは極力食べないようにしている
- 睡眠を7時間以上取っている

・ストレスを溜め込まないように気分転換の方法を知っている

こうしたことが不動産投資と何の関係があるのか、疑問を抱く人もいるでしょう。しかし、投資とは人間が行う判断と行動です。判断と行動を正しく行うには、普段の習慣がとても大切です。今挙げたような習慣を持っている人であれば、投資の本質を容易に理解し、判断と行動に移すことができるでしょう。

例えば、このあと第5章で詳しく説明しますが、ローンによるレバレッジを活用することが鍵を握る不動産投資では、賃料収入の多くが元金返済に回るので、キャッシュフローが乏しく感じやすいと言えます。そのため、ローンを重荷に感じる人が多いのですが、実際は利益を元金の返済に充てているのです。

そして、将来の売却時点で、毎月進んだ元金の返済分がキャッシュとしてまとめて表に出てきます。つまり、売却時まで、時間を味方にして、淡々と収益物件を持ち続けられる人が勝ち組になります。

時間を味方にできるかどうか、それが「時間割引率の低い」人ということです。

物件選びにおける「時間割引率」

不動産投資における「時間割引率」について、私は心理学や行動経済学における概念とは別の意味があると思っています。

それは、収益不動産の時間経過に伴う資産価値の低下のことです。心理的な意味ではなく、客観的な経済価値における「時間割引率」ということで、これは不動産価格の評価における「DCF法」に通じます。

この意味での「時間割引率」が〝高い〟物件とは、急速に資産価値が低下していく物件のことです。取得時において、価格に対する賃料収入（インカムゲイン）の割合（利回り）が高くても、出口における値下がり（キャピタルロス）がそれを上回れば、投資としては失敗となります。ローンでレバレッジをかけていれば、損失はさらに膨らむでしょう。

一方、時間割引率の〝低い〟物件は、資産価値が下がりにくいと言えます。むしろ、値上がりすることもあります。その場合、時間割引率はマイナスとなり、いわば〝時間割増率〟となるのです。

取得時において価格に対する賃料収入（インカムゲイン）の割合（利回り）が低くても、値下がりが少なければトータルの利益は十分確保されます。

一般的に、将来価値が落ちやすい地方・郊外の物件は「時間割引率」が高く、利回りは低いものの出口で価値が高い東京23区内の物件は「時間割引率」が低いと言えます。

事例で見る「時間割引率」が低い投資家

ここで、「時間割引率」が低い事例をひとつご紹介しておきましょう。

投資家のXさんは最近、埼玉県のバス便の大型ニュータウンで築30年の戸建て住宅を１２００万円で購入しました。売主が相続で売り急ぎのため、相場より安く買えた物件です。

購入後は賃貸にして家賃収入を得て、しばらくして売却しようというプランを立てました。

周辺の家賃相場は月額９万円で年間１０８万円の収入となり、表面利回りは９％です。しかし、投資家であるXさんはさらに相場より高く貸せないかと、知恵を絞ることにしました。

Xさんが思いついたのは、敷金０、礼金０、保証金０はもちろん、フリーレント２カ月を加えて、入居者の初期負担を大幅に軽くすることでした。また、「ペット可」とすることで、ペットと住める家を探しているファミリー層にアピールすることを考えました。さらに、入居付けで大きな役割を果たす仲介業者のため、通常は家賃1カ月分の広告費用を2カ月分支払うことにしました。

その結果、仲介業者の営業担当者が一生懸命に入居者を探してくれ、なんと月額12万円で成約したのです。

入居を決めたファミリーは、愛犬とゆったり戸建てに暮らせることと、引っ越しにあたっては引っ越し代や家具の購入費用などいろいろお金もかかるところ、特に2カ月のフリーレントが魅力的だったようです。

一方、Xさんにとっては、想定家賃が月9万円から12万円にアップしました。毎月入ってくる賃料が増えることもありがたいですが、それ以上に将来、売却する際に物件の価値がアップすることのほうが嬉しいと言います。

計算してみましょう。月額12万円ということは、年間収入は144万円です。表面利回りが9％のままであれば、収益還元法による売価は1600万円になります。1200万円で買ったものが400万円増える計算です。

敷金0、礼金0、保証金0、フリーレント2カ月、広告費2カ月分という目先の出費や機会損失はありましたが、それを補ってあまりある利益が得られます。

このように、目先の損失より、将来の大きな利益を優先できる人を「時間割引率」が低い人と言うのです。

入居者にとってはライフスタイルに合った住まいに引っ越しでき、投資家にとっては将来大きな利益を得られるという、まさにＷｉｎ－Ｗｉｎの関係と言えるでしょう。

第4章

入念なリスクマネジメントと計算に基づいたリスクテイク

分析した客観的数値によって管理・検証する

リスクマネジメントの最大の鍵は「返済猶予率」

不動産投資においての最大のリスクは債務不履行、つまりローンが返せなくなることです。ただ、金利と元金さえ返済していければ怖いことはありません。特に、元金返済は銀行の利益にはなりません。返済が進めば毎回の金利が次第に減るので、元金返済は銀行にとってみれば美味しい話ではありません。ちゃんと利益が出ていて健全な経営を行っているという証として、元金返済されているのです。

金利さえ払っていれば良いという考えもあります。実際、リート（上場不動産投資信託）や不動産投資ファンドのファイナンスでは利払いだけというのはよくある話です。

［図表７］返済余裕率の計算式

$$\text{返済余裕率（DSCR）} = \frac{\text{収支（家賃収入 − 経費）}}{\text{ローン返済額}}$$

※返済余裕率（DSCR）は一般的に１．２以上が求められる

結局、不動産投資においては、想定より空室が出ようが、賃料が下がろうが、修繕費がかかろうが、賃料の中からローンが返せるようにしておけばよいのです。

このことを「**返済余裕率（DSCR=Debt Service Coverage Ratio）**」と言い、健全性の指標とされます（図表７）。不動産投資におけるリスクマネジメントの最大の鍵は、この返済猶予率です。

例えば、月額１００万円の家賃収入があり、経費が月平均20万円、ローンの返済金額が月60万円だとします。このときのＤＳＣＲは80万円÷60万円＝１・33です。一般的にはＤＳＣＲは、１・２以上であれば安全と言われています。

ただし、空室率が想定より高くなることもありますし、思わぬ出費で経費率が上がることもあります。また、物

件の取得当初はDSCRが1・3あったとしても、賃料の下落等によって下がってくることもあり得ます。そのため、余裕をもってDSCRは1・3以上、できれば1・5くらいあると安心です。

なお、DSCRは正確な家賃と正確な経費と正確なローン返済額がわからなければ算出できません。あくまで将来予測なので、投資判断ではある程度割り切ってこの指標を使うとよいと思います。

また、パソコンや電卓を使ってDSCRを計算しなくても、大まかにローンの返済に対する余裕度を見る方法があります。「元金返済が家賃の半分以下になっているかどうか」で判断するのです。例えば、月100万円の家賃が満室想定で入り、ローンの元金返済額が月50万円とします。これなら、対家賃の元金返済率は50％です。

経費が20万円とすると、毎月30万円が残ります。この30万円の余裕があるので、金利の支払いや空室、思わぬ出費に対応することができるのです。金利が想定より低かったり、空室が出なかったり、修繕費などがかからなければ、その分だけ利益になります。何かあってもローンは返済できますし、何もなければ利益が増えます。

ちなみに、今の例についてDSCRを確認してみましょう（次ページ図表8）。

［図表８］返済余裕率の例

項目	計算式	
価格	a	240,000,000円
賃料（月額）	b	1,000,000円
賃料（年額）	c	12,000,000円
表面利回り	c/a	5%
自己資金		40,000,000円
借入金		200,000,000円
返済額（月額）	d	609,000円
経費（月額）※経費率20%	e	200,000円
ネット利益（月額）（収支）	b-e=f	800,000円
返済余裕率（DSCR）	f/d	1.31 ＞ 1.3

表面利回り5％の新築マンションを東京都内の駅近に取得したとします。月100万円の家賃とすると、年間1200万円です。表面利回り5％で割り戻すと、価格は2億4000万円となります。

自己資金が4000万円とすると、借入は2億円なります。2億円を35年返済、金利を0・8％とします。毎月の返済額は元金均等返済で60万9000円です。経費率を20％とすると、ネット利益は月80万円です。

80万円の利益に対し、毎月の返済が60万9000円なので、DSCRは1・31です。1・3を超えているのでOKです（前ページ図表8）。元金返済が家賃の半分以下になっているかという簡易判断指標は、このDSCRの検証からも有効であることがわかります。

都心で、どうしても将来価値があるので「ここは取得しておきたい」と思う場合には、自己資金をさらに出して取得します。無理してローンを増やしてはいけません。

資産価値が下がらない物件を選ぶ

不動産投資におけるもうひとつのリスクは、資産価値の低下です。「時間割引率」の点から、資産価値が下がらない物件を選ばなくてはなりません。

資産価値は賃料が下がったり、建物が老朽化したりすると下がります。先ほどの２億４００0万円で取得した賃貸マンションの例では、月間収入が１００万円、月間経費が20万円、ネット利益80万円です。

５年間なら60カ月なので、４８００万円のトータル利益となります。５年後、２億４０００万円で買ったものが１億９２００万円でしか売れなかったら、５年間の利益は帳消しになります（次ページ図表９）。さらに言えば、取得と売却にかかった費用も差し引いて計算する必要があります。

その点、新築の賃貸マンションは家賃が下がりにくく、空室率も高くありません。修繕費もほとんどかからないので、それほど価値が下がるとは思えません。購入した金額、あるいはそれ以上で売れることはままあります。よって、まったく予期せぬことが起きない限りは損を出すことはないでしょう。

まったく予期せぬことが起きて、その影響が大きいことを「ブラックスワン理論」と言います。収益不動産による賃貸経営で言えば、戦争による金利の急上昇、大震災、大洪水などがそれに該当します。

［図表9］資産価値の低減による失敗例

項目	計算式	
購入価格	a	240,000,000円
賃料（月額）	b	1,000,000円
経費（月額）	e	200,000円　経費率20%
ネット利益（月額）（収支）	f=b-e	800,000円

5年間のネット利益	f×60か月	48,000,000円	利益
売却価格	g	192,000,000円	
損失（購入価格との差額）	a-g	48,000,000円	損失

※5年間の利益が帳消し

トータル利益ゼロ

これらが心配で不動産投資はできないという人は、しないほうがよいと思います。極端なことを言えば、交通事故に遭う可能性があるから、家の外に出ないように決めている人に近い感覚です。

空室率、賃料下落のリスクマネジメントは、「立地、立地、立地」です。将来にわたり人が集まり続けてくるエリアでなくてはなりません。

田園調布でさえ今では人気が衰え、富裕層は港区の３Ａと言われる「青山、麻布、赤坂」あたりに移動しています。

千葉市のとあるバス便の大規模団地では、小学生の人数が減って1学年1クラスといった有様で、一戸建て中古住宅の値段はほぼ土地値です。30年前は６０００万円で売られていたのが、今では１０００万円という惨憺たる状況です。

30年先を読むのは難しいと思いますが、10年先ならある程度予測可能です。今であれば、都心3区（千代田区、中央区、港区）周辺の区で駅から徒歩7分以下の新築一棟マンションであれば、10年先もそれほど価値が下がるとは思えません。10年以上先は読めないと判断するならば、10年以内に一旦キャッシュにして、そのお金で新たなエリアに新築賃貸マンションを取得してもよいでしょう。

ちなみに都心3区周辺の区とは、東から江東区、墨田区、台東区、文京区、新宿区、渋谷区、目黒区、品川区です。また都心3区には接していませんが、豊島区や中野区や世田谷区あたりもよいでしょう。それ以外となると、北千住駅周辺や吉祥寺駅周辺、練馬駅周辺、蒲田駅周辺などのターミナル駅周辺もスポット的に対象となるでしょう。

都心3区もよいのですが、利回りやキャッシュフローとの兼ね合いがあるので、自己資金をある程度出してもよいという人が対象になります。利回りが低くても将来的には価値が上がって、結果的には良しとなるかもしれません。

ただし、不動産投資は長期投資が基本で、インカムゲインを中心に組み立てることが原則であることは心に留めておきましょう。

その他にもリスクマネジメントすることはたくさんありますが、前記の返済余裕率（DSCR）と立地、そして物件スペックは必ず押さえておきたいところです。それ以外のリスクマネジメントもありますが、DSCRと立地と物件スペックを押さえれば、80%はカバーできるでしょう。

物件スペックについては、細かい話になるので割愛しますが、実際の投資の際には、入居者目線になって検討する必要があります。

資産の現状把握や比較に便利な「ＲＯＡ分析」

私は、資産の現状把握の分析ツールとして、**「ＲＯＡ分析」**という手法を開発・提唱し、資産の棚卸を行ってきました。優良資産、不良資産を判別して、資産の組み換えを検討するときに便利なツールです。

ＲＯＡとは「リターン・オン・アセット」の略で、日本語で「総資産利益率」、あるいは「総資本利益率」と訳されています。自己資本＋負債（他人資本）＝総資産に対し、どれだけ利益を生み出したかという指標です。

個人にしろ企業にしろ、総資産に対する指標ですから、ＲＯＡの数値はひとつしかありませんが、私の「ＲＯＡ分析」では所有する不動産別にＲＯＡを出して、個別に収益性を判断します（次ページ図表10）。そして、ＲＯＡが低いものを売却し、高いものに組み換えるというように使うのです。

とりわけ、地主系の資産家は土地の価値を無視し、建築費に対する利回りで所有する土地にアパート等を建てますが、それでは土地の価値を無視しているので、間違った判断となります。

[ROA分析　資産の組み換え前]

単位:千円

⑪	⑫	⑬	⑭	⑮	⑯	⑰	⑱	⑲	⑳	㉑
収入	支出				収支 ⑪−⑮	借入金 返済額	キャッシュフロー ⑯−⑰	ROA ⑯÷⑧	借入 返済後 利回り ⑱÷⑧	借入金 比率 ⑨÷⑧
	土地 固都税	建物 固都税	管理費	合計 ⑫+⑬ +⑭						
2,000	150		200	350	1,650		1,650	**5.5%**	5.5%	0.7%
3,000	400	100	300	800	2,200		2,200	**5.5%**	5.5%	1.3%
11,000	200	300	1,100	1,600	9,400	7,000	2,400	**11.8%**	3.0%	187.5%
11,000	200	300	1,100	1,600	9,400	7,000	2,400	**11.8%**	3.0%	187.5%
4,500	100	150	450	700	3,800		3,800	**9.5%**	9.5%	0.8%
	100	250	0	350	-350		-350	**-0.4%**	-0.4%	0.0%
	1,500		0	1,500	-1,500		-1,500	**-0.8%**	-0.8%	0.0%
	2,500		0	2,500	-2,500		-2,500	**-0.9%**	-0.9%	0.0%
31,500	**5,150**	**1,100**	**3,150**	**9,400**	**22,100**	**14,000**	**8,100**	**2.7%**	**1.0%**	**36.5%**

[ROA分析　資産の組み換え後]

単位:千円

⑪	⑫	⑬	⑭	⑮	⑯	⑰	⑱	⑲	⑳	㉑
収入	支出				収支 ⑪−⑮	借入金 返済額	キャッシュフロー ⑯−⑰	ROA ⑯÷⑧	借入 返済後 利回り ⑱÷⑧	借入金 比率 ⑨÷⑧
	土地 固都税	建物 固都税	管理費	合計 ⑫+⑬ +⑭						
2,000	150		200	350	1,650		1,650	**5.5%**	5.5%	0.7%
3,000	400	100	300	800	2,200		2,200	**5.5%**	5.5%	1.3%
11,000	200	300	1,100	1,600	9,400	7,000	2,400	**11.8%**	3.0%	187.5%
11,000	200	300	1,100	1,600	9,400	7,000	2,400	**11.8%**	3.0%	187.5%
4,500	100	150	450	700	3,800		3,800	**9.5%**	9.5%	0.8%
	100	250	0	350	-350		-350	**-0.4%**	-0.4%	0.0%
	1,500		0	1,500	-1,500		-1,500	**-0.8%**	-0.8%	0.0%
33,200	200	600	3,100	3,900	29,300	5,000	24,300	**24.2%**	20.0%	82.4%
64,700	**2,850**	**1,700**	**6,470**	**11,020**	**53,680**	**19,000**	**34,900**	**8.1%**	**5.2%**	**60.2%**

[図表 10] ROA分析表の例

①	②	③	④	⑤	⑥	⑦	⑧	⑨	⑩
土地番号	所在地	利用状況	土地面積（㎡）	建築面積（㎡）	時価（相続税評価額）			借入金敷金等	純資産⑧－⑨
					土地	建物	合計⑥＋⑦		
1	○○1111	駐車場	1,000		30,000		30,000	200	29,800
2	○○2222	貸倉庫	1,000		40,000		40,000	500	39,500
3	○○3333	アパートA	1,000	700	60,000	20,000	80,000	150,000	-70,000
4	○○4444	アパートB	1,000	700	60,000	20,000	80,000	150,000	-70,000
5	○○5555	アパートC	500	350	30,000	10,000	40,000	300	39,700
6	○○6666	自宅	2,000	300	80,000	15,000	95,000		95,000
7	○○7777	畑	3,000		180,000		180,000		180,000
8	○○8888	畑	3,000		280,000		280,000		280,000
合計			**12,500**	**2,050**	**760,000**	**65,000**	**825,000**	**301,000**	**524,000**

①	②	③	④	⑤	⑥	⑦	⑧	⑨	⑩
土地番号	所在地	利用状況	土地面積（㎡）	建築面積（㎡）	時価（相続税評価額）			借入金敷金等	純資産⑧－⑨
					土地	建物	合計⑥＋⑦		
1	○○1111	駐車場	1,000		30,000		30,000	200	29,800
2	○○2222	貸倉庫	1,000		40,000		40,000	500	39,500
3	○○3333	アパートA	1,000	700	60,000	20,000	80,000	150,000	-70,000
4	○○4444	アパートB	1,000	700	60,000	20,000	80,000	150,000	-70,000
5	○○5555	アパートC	500	350	30,000	10,000	40,000	300	39,700
6	○○6666	自宅	2,000	300	80,000	15,000	95,000		95,000
7	○○7777	畑	3,000		180,000		180,000		180,000
8	東京都○○	賃貸マンション	103	676	60,600	60,700	121,300	100,000	21,300
合計			**9,603**	**2,726**	**540,600**	**125,700**	**666,300**	**401,000**	**265,300**

土地価格＋建築費に対して、ネットの利回りがいくらかになるのかを判断材料にしなくてはなりません。ＲＯＡが最も高くなる活用方法が**「最有効使用」**という考え方です。

個別にＲＯＡを出すというのは、借地であろうが、駐車場であろうが、アパートであろうが、同列に並べて比較できるので、物件の種別を問わず所有不動産の優劣を判定するのに便利です。「だだっ広い自宅があったりすると、全体のＲＯＡが低くなるので、自宅用地の半分に賃貸マンションを建ててＲＯＡを高めよう」とか、「ここの駐車場はＲＯＡが低いし、アパート用地には不向きなので売却し、立地の良い場所の収益不動産を購入しよう」というような判断をする材料になります。

また、ＲＯＡシミュレーションと言って、資産の組み換えについてさまざまなパターンを想定し、最もＲＯＡが改善する方法を探るといった活用法もできます。

さらに、対策前と対策後にＲＯＡを比較することによって、効果が数値で見えるので便利です。何となく勘で不動産投資を行うのではなく、数値で客観的に判断する習慣を身につけるのに大変優れたツールです。

私はこの優れたツールを不動産コンサルタントや宅建士の講習会で延べ数千人に紹介し、受講者にそのフォーマットをエクセルで差し上げ、現場でも使ってもらうようにして、かなり普及してきました。

資産の組み換え提案ツールとして、完成されたフレームワークとして普及しています。

（※詳細を知りたい方は、私の著書『混迷の不動産市場を乗り切る優良資産への組み換え術』住宅新報社刊をご一読ください。資産の組み換えが資産活用の有力な方法であることを世に知らしめた原典となる本で、多くの不動産コンサルタントに影響を与えた本です）

「ＲＯＡ分析」の注意点

なお、「ＲＯＡ分析」は資産の組み換えのように資産総額があまり変わらないときには有効ですが、万能というわけではありません。ＲＯＡは分母が総資産なので、総資産を小さくすることによって、ＲＯＡを高めることも可能だからです。ＲＯＡが高くなったとしても、利益の絶対額が小さくなっては意味がありません。

また、投資の視点から言うと、市場においてＲＯＡが低い物件は将来価値が高いと判断され、価格が高くても欲しい投資家が多いということが言えます。

現に銀座の不動産などはＲＯＡが３％台ですが、希少性があり、将来もっと上がる可能性があるので、低いROAでも積極的に取引されています。

逆にROAの高い地方物件や築年数が古い物件などは、将来価値が低いと判断されているので、ROAが高くなければ取引されないのです。

ROAは他の金融商品との比較にも使えます。株の配当が3%、リートの配当が4%、ドル預金の利息が2%といった数値と比較することが可能です。

収益不動産には災害や経済情勢の変化など、想定外のリスクがあるので、リスクプレミアム（リスクがある分、その利回りを確保するという考え）を4%程度は見なくてはなりません（リスクプレミアムについては109ページ参照）。今は長期国債がゼロ金利なので、リスクプレミアムが期待利回りであり、ROAの数値と言っても構いません。

また、丸の内のような最高立地の場合は3%台、地方都市なら7%台といった立地や築年数によっても変わるので、一概にリスクプレミアムやROAのみで語るのは危険です。

このように、「ROA分析」ツールもフレームワーク（思考の枠組み）として使うのは便利ですが、使い方によっては思考が硬直化するというデメリットもあるのです。

特に昨今のような大きな転換期においては、より柔軟な思考を大切にしなければなりません。

不動産ポートフォリオを見直す「ＲＰＭ分析」

私はＲＯＡ分析のほかにも、不動産コンサルタント向けに数々のフレームワークを紹介してきました。代表的なものとして、ここでは**「ＲＰＭ分析」**を紹介します。

現在、所有している不動産を利回りと将来価値の軸に当てはめ、「負け犬」の資産を処分して、「金のなる木」あるいは「成長株」「お宝」の不動産に組み換えていこうというものです（次ページ図表11）。

とりわけ、現在は「金のなる木」であっても、やがて老朽化や地域の衰退により、ジリ貧になっていくものは、あらかじめ「成長株」の領域に資産を移行させておこうという判断に使えます。

ポートフォリオを見直し、今後どのようなものに投資すべきかを考えるツールとして使われています。

[図表11] RPM(不動産ポートフォリオ)分析

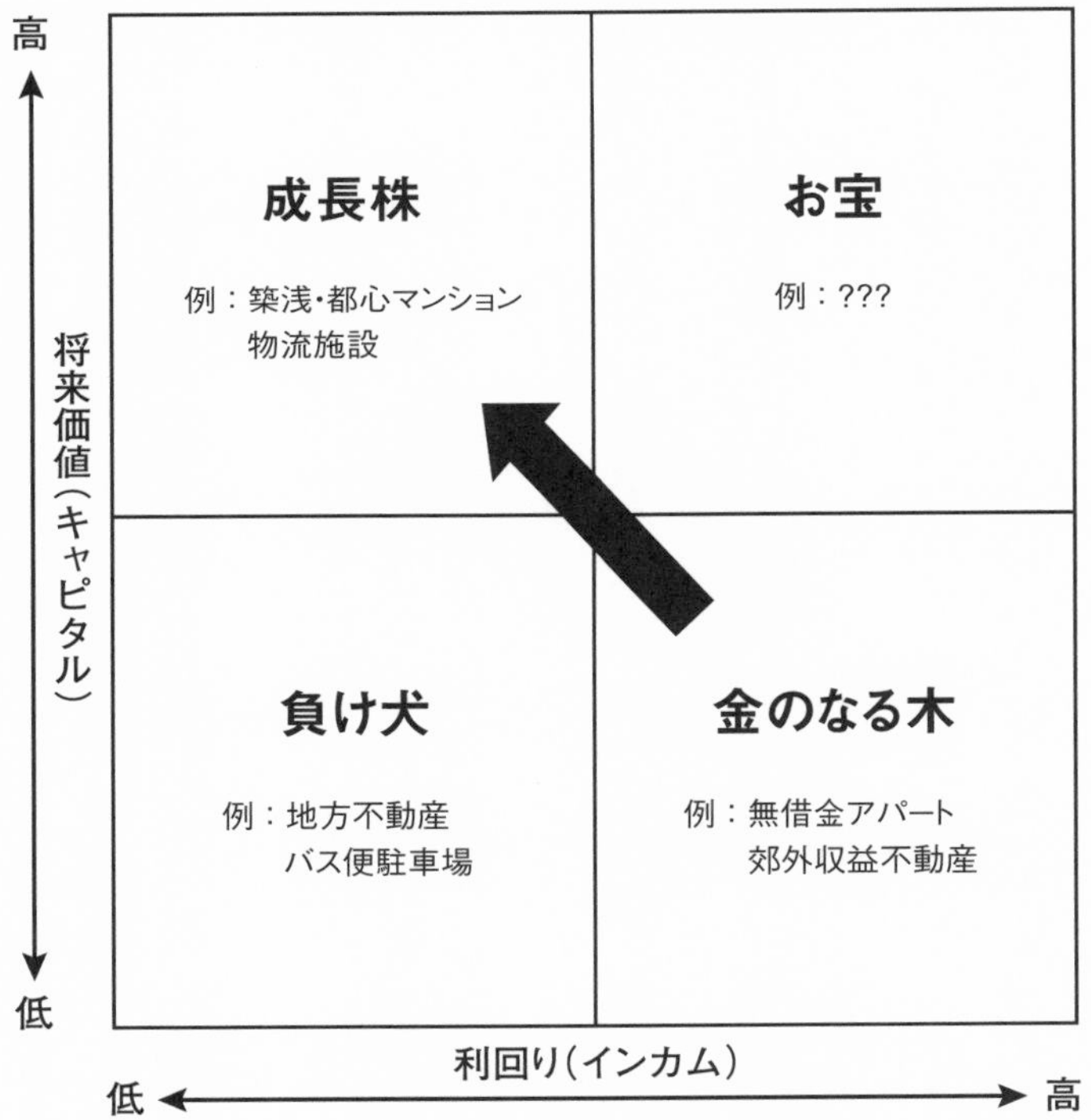

リスクテイクの判断を助ける「ＩＲＲ分析」

保有している資産が多い地主系資産家に便利なフレームワークが「ＲＯＡ分析」なのに対し、オーナー経営者系資産家に便利なツールが**「ＩＲＲ（Internal Rate of Return）」**です。

ＩＲＲは通常、「内部収益率」と訳されますが、ピンときません。私は「1年あたりの投下資本利益率」と解釈しており、不動産投資の理解としてはこちらのほうがピンとくるでしょう。

ＩＲＲはパソコンの関数計算で簡単に算出できます。投下資本が1年あたりどれだけの利回りで増えたかを示します。よって、投資の成否を数字で表してくれます。このＩＲＲという指標を使いこなせることが、「投資家脳」を醸成するのに最も早道です（投資家脳については96ページ参照）。

ＩＲＲの大きな特徴は、レバレッジをかけると高まることです。例えば、3億円の収益不動産を購入するケースを考えてみましょう。ネット利回りが４％で毎年１２００万円の利益があり、５年後の売却価格は取得時と同じ3億円とします。

このとき、３億円をすべて自己資金で賄うとすると、ＩＲＲ（1年あたりの投下資本利益率）はネット利回りと同じ4％になります。

これに対し、同じ物件を自己資金5000万円、借入2・5億円で購入したらどうでしょう。IRRは24％になります。5000万円投資して、5年間の利益が6000万円、年間1200万円の利益です。1200万円÷5000万円なので24％となるわけです。

利益はどちらも5年間で6000万円は変わりませんが、投下した資本（自己資金）に対する率で言えば、5％が24％となって4・8倍に増えるのです。

また、自己資金が3億円なら、1物件あたり5000万円の自己資本を投下するとして、同じような物件が6棟購入できます。ということは、利益は6000万円ではなく、6倍の3・6億円になります。レバレッジをかけることにより、投下した3億円が5年間で6・6億円へ倍以上に増えるわけです。

なお、IRR20％なら5年間で元本が倍になる計算です。私は5年間で投下資本が倍になる「IRR20％を目標にしましょう」といつも言っています。これは、レバレッジを使えば現実的な目標数値です。

ちなみに、レバレッジを5倍（自己資金1に対して借入5の割合）とすると、ネット利回りが年3・33％あればIRRが20％になります（次ページ図表12）。

［図表12］ＩＲＲ（内部収益率）の計算
【IRR≒自己資金に対する1年あたりの利回り】

購入金額	300,000,000円
5年後売却金額	300,000,000円
キャピタルゲイン	0円

NOI	4%	4%	3.33%	備考
自己資金（投資元本）	300,000,000	50,000,000	50,000,000	
1年目	12,000,000	12,000,000	10,000,000	300,000,00円 × NOI ＝ インカムゲイン
2年目	12,000,000	12,000,000	10,000,000	
3年目	12,000,000	12,000,000	10,000,000	
4年目	12,000,000	12,000,000	10,000,000	
最終年度	312,000,000	62,000,000	60,000,000	投資元本 ＋ インカムゲイン ＋ キャピタルゲイン
IRR	4%	24%	20%	関数＝IRR（自己資金＋1年目〜最終年度の数値）

IRR20%ということは、5年で元金が倍になる

ただし、それには条件があります。売却価格が取得価格と同じであることです。利回りの多少の高低より、売却時に購入したときの価格で売れる状態にしておくことがＩＲＲを高められるかどうかの鍵を握ります。

売却価格を下げないためには、どうしたらよいのでしょうか。５年スパンで言えば、入居者が１～２回くらい変わるので、その際に賃料を下げないことが最も大切です。できれば、賃料を上げられれば理想的です。また、購入時に市場価格より安く買えていることも、売却価格を下げないことにつながります。

不動産にかかわらず、すべての投資において結果はＩＲＲで示されます。先を読むことは大変ですが、期待するリターンとリスクのバランスを取って、リスクマネジメントしながら、果敢にリスクテイクするという投資行為を数値で示したものがＩＲＲという優れものです。

ぜひ、ＩＲＲの計算方法を身につけてください。

第5章 不動産投資の本質が見える「レバレッジ」の考え方

借入をしながら積み立て貯蓄をする

枝葉末節の話に囚われず本質を見抜く

今の世の中、何が正しい情報なのかを判断するのが大変難しくなってきました。正解がない世の中で正解をつくっていくことが必要です。

この際、世の中で一般的に言われていることはすべて疑ってみて、改めて自分の頭で考え直してみてはいかがでしょうか。

英語では「クリティカル・シンキング」と言います。感情や主観に流されずに物事を客観的に判断しようとするプロセスです。前提そのものを疑うことから始まります。

例えば、借金はダメだと親や学校で教わって鵜呑みにしていませんか。

借金にも、「良い借金」と「悪い借金」があります。お金はないけどギャンブルのために借金するとか、自分の趣味嗜好のため、欲しいものがあるから借金をしてしまうというのは、明らかに悪い借金です。

一方、需要の裏づけのある設備投資は良い借金です。ヒット商品が生まれた企業が、つくれば売れることがわかっていながら生産能力が追いつかない場合に、工場を増設するようなケースです。

会社に設備投資の資金がなければ、銀行から借りることになります。銀行も売れることがわかっているので、喜んで新工場の建設資金を出すでしょう。むしろ、資金がないからと工場を増設しなければ、機会損失になってしまいます。また、ヒット商品が欲しいのに買えない人も残念に思うことでしょう。こうした借金は経済を活性化し、世の中を豊かにすることにつながる良い借金です。

不動産投資も同じです。人が住みたいという場所に、人気の設備を備えたアパートや賃貸マンションを建てるのです。あるいは、人が住みたいという場所にある築古で空になった社員寮を購入し、設備などを全面的にリフォームして新しく賃貸マンションを提供するのです。

そのための借金は、賃貸マンションを借りる人が喜び、リフォーム業者には仕事が生まれ、融資した金融機関には利息が入り、そして投資家もリターンを得るということで、関係者全員がハッピーになる良い借金です。

このような場合、投資家にとっては借金も、正確に言うと一種の「利益」です。金融機関からローン（借金）を借りる際に結ぶ契約書では、万が一、債務不履行になることを「期限の利益を喪失する」と書いてあります。逆に言うと、債務不履行にならなかったら、「期限の利益が享受できる」ということです。

ここは非常に重要なポイントなので、もう少し具体的に説明しておきます。

投資において借金は「レバレッジ」です。前にも述べましたが、「レバレッジ」とは「梃の原理を使った投資効果」のことです。

例えば、１億円の現金で１億円の不動産投資をする場合、表面利回り５％、経費率20％、ネット利回り４％とすると、年間利益は４００万円です。

一方、１億円の現金に４億円の借金をして、５億円の不動産投資をする場合、同じく表面利回り５％、経費率20％、ネット利回り（金利分を除く）４％、金利１％とすると、２０００万円の利益から金利負担４００万円を除いた１６００万円の年間利益が手元に残ります。

同じ現金1億円の投資なのに、借金を利用してレバレッジをかけると、4倍の投資効率になります。富裕層の場合、金融機関によって金利はもっと低いので、さらに投資効率は良くなります。

金利負担は増えるものの、レバレッジによる売上、利益の増加はとてつもなく大きいことがご理解いただけたかと思います。

「どうしても借金は嫌だ。複利効果で増やすべきである」と考える方もいるでしょう。その通りです。複利効果も資産を大きく増やす手法です。ただ、難点は時間がとてつもなくかかることです。複利効果が目に見えて現れるのは、10年後くらいからで、明らかに複利効果が発揮されるのは、20年後くらいです。

その点、レバレッジによる投資効果の拡大は、行った時点ですぐに効果が現れるのが特徴です（次ページ図表13）。

もっと本質的な話をしましょう。

そもそも、借金をするお金は銀行の金庫にあるのでしょうか。いいえ、銀行の金庫にはそれほど多くのお金があるわけではありません。

[図表13] 現金主義・レバレッジ効果・複利効果による投資効率の違い(税引き前)

1. 現金主義

1億円の収益不動産を現金購入

NOI利回り4%で計算

※2年目から賃料下落率1%で計算

総収入額 **約 118,000,000 円**

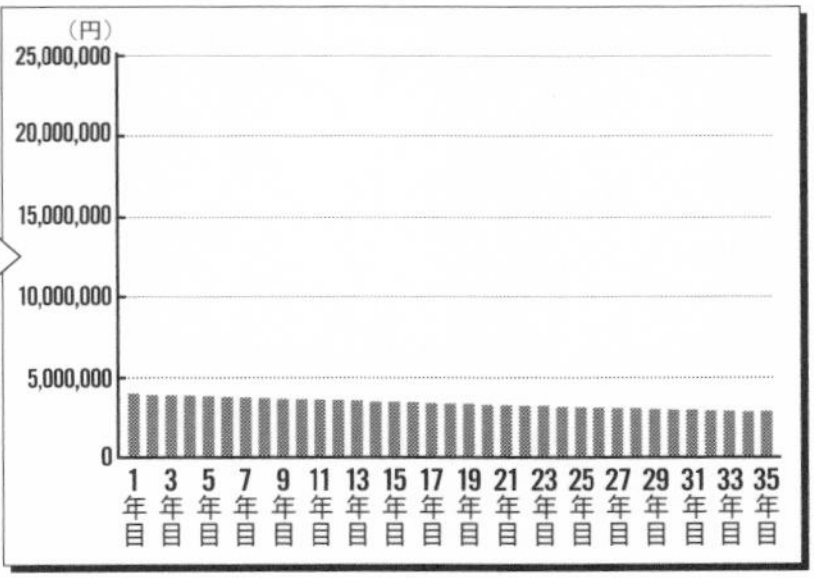

2. レバレッジ効果

自己資金1億円＋融資4億円で5億円の収益不動産を購入

NOI利回り4%で計算

※11年目から賃料下落率1%で計算

総収入額 **約 609,000,000 円**

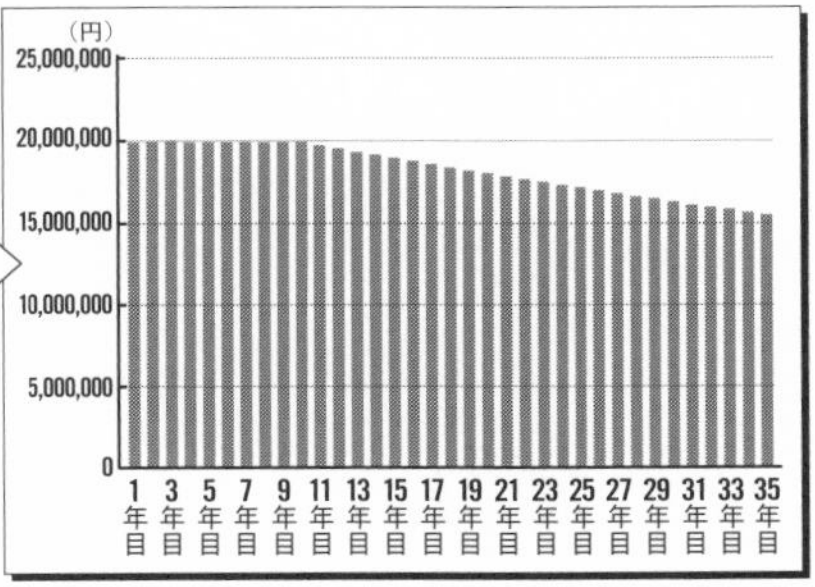

3. 複利効果

1億円分のJリートを購入し、配当を元金に追加していく

NOI利回り4%で計算

総収入額 **約 294,000,000 円**

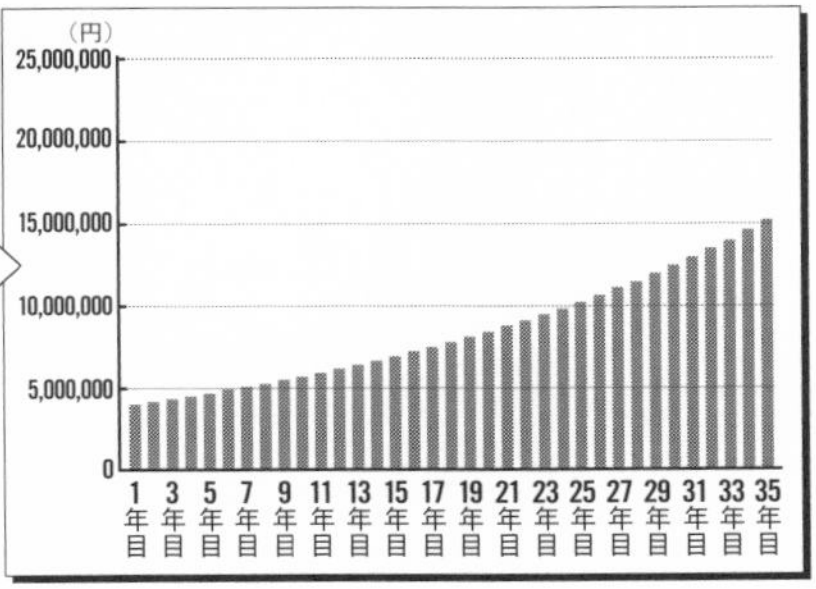

その証拠に、銀行の窓口に行って1億円ある預金を引き出したいと急に言っても、銀行の支店長は大慌てしてしまうでしょう。そんな現金が金庫にあるわけはないからです。前もって連絡して準備してもらう必要があります。

一方、先ほどの例で銀行ローン9億円を借りる場合、金銭消費貸借契約を結ぶと通帳に9億円と印字されます。現金の引き出しは苦労するのに、借金は契約が成立すれば、その時点で通帳に記載されます。

では、このお金はどこから来たのでしょうか。他の預金者から預かったお金を集めてきたのでしょうか。そうではありません。金銭消費貸借契約に基づき、新しいお金が生まれたのです。

専門的には「信用創造」と言って、中央銀行と直接、取引できる金融機関は一定の範囲で、通貨発行権を持っているのと同じことなのです。

まさにこれは、現代の錬金術だと言えるでしょう。借りるほうには金利負担が発生しますが、借りたお金を上手に運用すれば、はるかに大きなリターンを得ることができます。それこそが借金の本質であり、「期限の利益」にほかなりません。

不動産投資での借金は積立貯蓄である

もうひとつ、「不動産投資における借金とは積立貯蓄である」という話をしましょう。

アパート経営をはじめ不動産投資はあまり手元にキャッシュが残らないので、儲からない商売だと思っている大家さんが少なくありません。これは、利益のほとんどを銀行への元金返済に回しているからです。利益は利益でちゃんとあるのですが、元金を返済しているために手元に残らないのです。

ところが、売却したときに気がつくのですが、10年前に買った収益不動産を売却するとき、購入したときと同じくらいの価格で売れることがあります。借入期間20年のローンを元金均等で返済していれば、10年後の残債は半分近くに減っています。それは、毎月の家賃収入とは別の10年分の含み益であり、売却したときに初めてキャッシュとして通帳に記載されるのです。

実は、元金返済という形で利益を貯め込んでいたのであり、元金返済は積立貯蓄だったと言えます。このように不動産投資では、**銀行ローンという信用創造で生まれたお金を使って、レバレッジを利かせながら積立貯蓄ができる**のです。

これは魔法ではなく、現実です。

もちろん、「元金返済による積立貯蓄」には一定の前提があります。家賃が入り続け、賃料の下落は軽微で、売却時まで物件の資産価値が下がらないことです。

この前提さえ満たせば、論理的に間違いありません。借金による不動産投資ほど、純資産を増加させる方法として確実な事業はないと言えます。

そう考えると、地価が低い地方で、物件価格に占める建物比率が高いケースは、建物の減価償却が進むにつれて物件全体の資産価値も目減りするので、出口で資産価値が下がり、それまでの利益を食いつぶしてしまう恐れがあります。

ですから、元金返済分より減価償却分が多いのはマイナスで、元金返済分より減価償却分が小さいほうがプラスということになります。

富裕層の中には目先の減価償却費を多くして節税したいと考える人もいますが、そもそも減価償却自体は大きくなったり小さくなったりするわけではありません。減価償却費を計上した分は将来、売却時に課税されるので、目先の節税はトータルで言えばプラスマイナス0です。むしろ、減価償却は、物件の資産価値が下がっているのだという認識が必要です（次ページ図表14）。

[図表14]「価値の下落」となる減価償却

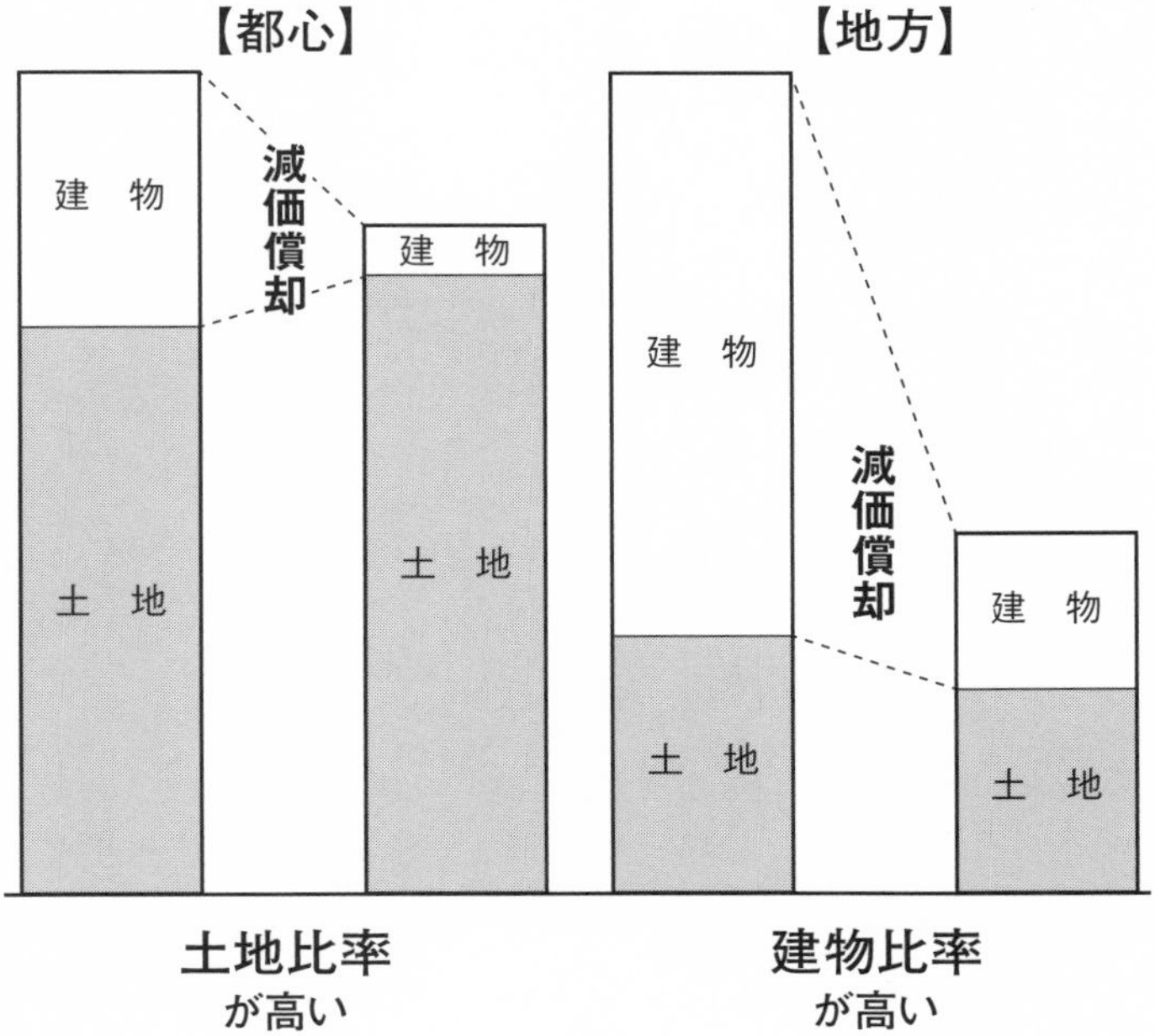

実際、ビルや賃貸マンションを所有していればわかりますが、いろいろ不具合が起こり、思った以上に修繕費がかかるのが現実です。それだけ建物の価値を維持するのは大変で、減価償却すなわち年々老朽化して価値が落ちることがないように修繕費をつぎ込んでいるのです。くれぐれも減価償却による節税というセールストークには気をつけましょう。中身をよく吟味して自分の頭で判断してください。

さて、これだけ言っても借金は嫌でしょうか。むしろ借り得ではないでしょうか。優良な収益不動産であることが前提ですが、「借金は借り得」なのです。

ただし、これは誰にでもできることではありません。銀行が貸してくれなければ机上の空論です。実際、メガバンクや地方銀行では、サラリーマンにはもはや不動産投資としての融資はしていません。代わりに、ノンバンクがその役割をしています。弁護士、医師などの士業であっても、融資を受ける難易度が高くなっています。

今、銀行が融資先として適していると判断するのは、担保の確実な地主や利益の出ている法人、内部留保が大きい法人です。

資産管理会社を含め内部留保などで余裕のある法人は、借金による不動産投資に対してリスク許容度が高く、もともと借りやすい環境にあります。

[図表15] 経営者脳と投資家脳の違い

項目	経営者脳	投資家脳	投資家脳の解説
投資判断	PER／利回り	IRR／PBR	投下資金がどれだけ増えるか
見ている指標	損益計算書	貸借対照表	純資産の増加
出口	出口がない	出口から考える	出口がある
収益判断	インカム中心	インカム＋キャピタル	読みにくいキャピタルが重要
効率	費用対効果	費用対価値向上	費用は価値向上のためにかける
意識する期間	今期の収益	長期間の収益	DCF法で価値を測る
キャッシュ	安全性の確保	一番の経営資源	キャッシュ・イズ・キング
広告費	費用	賃料を上げるための投資	費用は投資
修繕	費用	価値を上げるための投資	費用は投資
クレーム	費用	信用向上も投資	信用は投資
リスクテイク	現状維持	リスクテイクする	リスクマネジメントする
税金	節税してキャッシュを残す	利益を増やしてキャッシュを残す	節税より利益向上
融資	借金＝金利負担	レバレッジ	投資効率を上げるツール
事業承継	現状で手一杯	後継者育成を実践	長期的な視点
建物	減価償却で節税	減価償却は価値減少	減価償却分で修繕
土地	簿価でしかない	時価に注目	アップサイドを意識

しかし、前記のような借金による不動産投資の本質を理解できず、「借金は怖い」とか「とにかく嫌だ」という刷り込みにより、無借金経営最善説で融資を受ける選択肢が頭にない方は機会損失をしているのではないでしょうか

コンフォートゾーン（今の居心地の良い環境）から抜け出せない資産家、富裕層の方には、ぜひ一段高いステージに上がって、より多くの成功を体験していただきたいと思います。

もちろん、投資の本質を理解した「投資家脳」をすぐ身につけるのは容易ではありません。少しずつ小さな体験を積み重ね、「投資家脳」を養ってみてください。

なお、「投資家脳」に似ているのが「経営者脳」です。しかし、私の考えでは「経営者脳」と「投資家脳」にはさまざまな違いがあります。参考までにその違いを比較してまとめておきます（前ページ図表15）。

ローンによる積立貯蓄はマイホームも同じこと

なお、ローン（借入）による積立貯蓄ということについては、マイホームも同じです。

例えば、都内に新築マンションを買ったとします。ローンの返済は、家賃と同等だとします。

この場合もローンの返済のうち、元金返済分は積立貯蓄になっています。家賃を支払う代わりに積立貯蓄をしていると言ってよいでしょう。

都内の利便性の高いマンションの中古価格は、減価償却で下がっていくのではなく、希少性から上がっているものもあるくらいです。先ほどの不動産投資と同じく、資産価値の低下以上にローンの元金が減っていればよいのです。

そう考えると、マイホームを巡っては「持ち家が得か、借家が得か」という問題ではなく、どんなマイホームを取得するかが問題なのです。

例えば、郊外のバス便の一戸建てを買っていたら資産価値がどんどん減っていき、ローンの元金返済分以上の価値の目減りになります。

逆に、都心のマンションを買っていたら、ローンの返済とともに元金が減っていくだけでなく、資産価値も上がっており、将来、売却すれば手元に残るキャッシュが大きく増えています。家賃を払っていないのですから、タダで住めた上に、売却によって含み益が表に出ることになるのです。

結果論ですが、所得が低く郊外でしかマイホームを買えなかった人は資産価値を減らして苦労し、所得が高く都心でマイホームを買えた人は資産価値を上げつつ、元金返済による積立貯蓄ができているということになります。

このように、物件価格が下がらない不動産でローン（借金）の元金返済が進めば、その分が積立貯蓄になっているのだという仕組みは、あまり知られていないように思います。

最近のマスコミ報道では事実が正確に伝わらないように、不動産投資の本質もなかなか普通の人に伝わっていないのです。

現在の資本主義社会においては、貧富の格差が拡大し、階層化が進みつつあると言われていますが、マイホームという不動産の取得ひとつをとってもそのことは明らかです。

私たちは資本主義社会に生きているのですから、常に資本（借金を含むお金）をどう活かすかを考えていかなくてはなりません。

日本の学校や家庭では、「投資」についてまったくと言っていいほど教えませんが、資本主義の世の中であれば誰しもが勉強しなくてはならない〝必修科目〟だと言えます。

第6章 売買判断の強い味方となる「エクストリーム理論」

変動を決める3つの要因を定点観測する

〝待つ〟ことを厭わずに焦る気持ちを制御する

不動産投資においては、タイミングも非常に重要です。不動産投資は、取得時点で8割以上、成否が決まってしまうので、焦って買うのは良くありません。昔から不動産は「千三つ」と言われます。話が1000あっても成約に至るのは3つくらいしかないということで、それだけ優良不動産を手に入れるのは難しいのです。

絶好の「買い場」は10年に一度あるかないかでしょう。そのタイミングを待つことができるかどうかで、投資の結果は大きく変わります。

一方、買い時が10年に一度と言われてしまうと、その間に取得できないなら機会損失しているのではないかと考えるのではないでしょうか。

例えば、3億円の収益不動産を表面利回り5％で今購入するのと、5年後に表面利回り5・5％の収益不動産を2・7億円で購入する場合とでは、どちらのほうが有利でしょうか。

確かに、5年後のほうが3000万円安く買えますが、1年間で家賃収入が1500万円、経費率が20％として、利益は1200万円です。5年間で6000万円の利益の機会損失となります。

3000万円安くなるのを5年間待って、6000万円の利益の機会損失をしていては、どちらが損かわかりません。しかも、5年間待てば3000万円下がるとは限りません。むしろ上がっていることさえあります。

ただ、今回のコロナ禍では、まさに10年に一度のチャンスがやってきました。

当社の顧問先に対しては、ここ数年来、むしろ売り時であり、キャッシュポジションを高めておきましょうと助言していました。そして、コロナ禍で弱気になった人から買うチャンスであると考え、一斉に購入をお勧めしたところです。私もみずから、ここはチャンスだと考え、2020年5月に2棟契約しました。

通常、東京23区の築10年以内の一棟ワンルームマンションの場合、表面利回りが4・0～4・5％くらいのものが売りに出回っています。

これでは融資を組んでの投資だと、キャッシュフローが思うように出ません。ところが、コロナ禍の発生時点では、5・0％を超えるものが出てきて、指値をすることにより、5・5％で買えるケースもありました。

当社の顧問先はすでに不動産投資の基本的知識は身につけており、投資判断軸をお持ちなので、これぞという物件が出てきた場合には即答し、競争相手がいても競り負けません。結果的には約半数がチャンスを活かし、取得することができました。

意思決定が速かったことのほか、当社の顧問先は銀行から見て属性が良く、あらかじめ融資枠が確保されていて、確実な取引ができるため、競争相手に勝てたのです。

また、この10年に一度の買い時は3カ月程度しか続かなかったため、投資判断軸をつくっておくことの重要性を痛感しました。

気になるのは今後の動向です。

世界中に混乱と分断が広がっている中、金融危機に発展するかどうかが気になるところですが、今のところその気配はないようです。金融緩和が継続され、金利の消えた世界で経済が回っています。

しばらくは、金利は上がらないでしょう。より正確には、上げられない状態が続くのでしょう。現在の超金融緩和による資金が、株や不動産に向かい、価格が下がらないどころか、投資家から見ると株も不動産も売り物がなく、売り物が出てくるとすぐに買い手がついてしまう状態にあります。

株で言えば、ＰＥＲ（株価収益率）やＰＢＲ（株価純資産倍率）などの指標から見て割高感から警戒されてもよさそうですが、それでも株価は上がっていっています。

収益不動産についても、リートやファンドのプロとお話する機会が多いのですが、そうしたプロが異口同音に口にするのは、「預かっているお金はたっぷりあるのだが、モノがなくて買えない」ということです。

特に、東京の不動産市場の規模は世界有数です。アメリカ、ヨーロッパはコロナ禍で都市封鎖もされる状態にあり、買うに買えないと言います。香港は中国による共産化が進み、政情不安です。その結果、「投資機会のある市場は東京しかない」と言われているのです。それなのに、売り物がなくてリートやファンドは困り果てている状況です。

個人投資家もリーマンショック後に購入した不動産の価値が上がっており、次のチャンスを虎視眈々と狙っている状況で、優良物件が出ると足が速いと言えます。

一般企業も内部留保が分厚くなり、本業の投資先は市場の拡大が乏しいので、事業投資にお金が向かっていません。消去法で「収益不動産でも買っておこうか」と考え、一般企業法人も不動産投資に熱心です。

特に、今好調であるＩＴ企業は設備投資をするところが少ないので、広告費や人件費は別として、余った現金を不動産投資に向ける企業が多いのは容易に想像できます。

さらに、機関投資家もポートフォリオを組んで投資しているので、一定の割合で不動産に資金を割り当てています。モノ不足が続いている状況の中、表面利回りが４％を切って購入する年金などの機関投資家も出てきているほどです。

一方、オフィスについては、リモートワークなどの導入が進み、余剰感が出てきています。賃料も下落傾向が鮮明になってきました。ホテルや商業ビルも今までのようには買い手が見つからない傾向にあります。もちろん、海外投資家の中には、千載一遇のチャンスと見て日本買いを進める向きがあるかもしれません。

需給関係で見れば、前記のように賃貸マンションは需要が強くて供給が少なく、ビル系についてはその逆です。

以上をまとめると、賃貸マンションについては、リートやファンドなどの投資信託は原則10億円以上の都内築浅物件を取得しています。最近では7億円からでもよいというファンドが増えています。

高額給与所得者や士業は2～5億円くらいの小規模の収益不動産を買っていましたが、この層が市場から姿を消していったので、富裕層にとってはこの価格帯が現在、狙い目と言えます。ちなみに、サラリーマン投資家は区分マンションに向かっており、収益用区分マンションの価格が高止まりしています。

なお、収益不動産の場合、需給関係もありますが、金融機関の貸し出し姿勢が重要です。むしろこちらのほうが影響は大きいでしょう。

貸し倒れが増えるなどにより、金融機関の貸し出し余力が減り、金融引き締めになると、不動産価格は下がります。最近は、あまりにも不動産への融資割合が増えたので、貸し手の主役である地銀を中心に選別融資を進めているところです。

結果的に、給与所得者への融資は原則取りやめになっています。また、医師や弁護士への融資も絞られてきています。そして、それが富裕層や優良企業への貸し出しにシフトしてきているのが現状です。

さらに言えば、富裕層であっても、債務の大きい人や債務比率の高い人は借りにくくなっています。この金融引き締めの基調が強まれば、収益不動産の価格は下がりますが、金融機関も貸出先が少ない中、不動産融資を絞ることはしにくいのが実情です。

売買のタイミングを見極める理論がある

不動産投資のタイミングを判断するツールとして、私が独自にモデル化した「エクストリーム理論」を紹介しておきましょう。

不動産はそもそも、株式や為替といったペーパー資産とは異なり、実物資産なので取引に時間がかかり、売買の頻度も少ないという特徴があります。そのため、株式や為替よりはるかに中長期的なトレンドが読みやすいと言えます。

また、１９９０年代後半から日本の不動産、特に賃貸マンションやオフィスビルなど賃料というリターン（インカムゲイン）を主な目的とする「収益不動産」は、完全に金融商品化しました。

現在、収益不動産の価格の変動は、次の３つの要因で決まります。

①市場の需給関係
②金融機関の貸出姿勢
③国債の金利

したがって、この３つの要因を定点観測していれば、収益不動産の売り時と買い時はほぼ判断できます。

現場の不動産業者も、皮膚感覚で「この価格は異常だなぁ」「売れ行き悪くなったなぁ」「銀行が渋くなったなぁ」「売れ行きが悪い、値下げしよう」など、何となく売り時や買い時を察知しています。ただ、感覚優先だとプロの不動産業者でさえ、「今はすでに高い気がするが、どんどん売れていく。まだまだ上がるだろう」などと判断を間違え、最後はババ抜きのババを掴み、市場から撤退せざるを得なくなったりします。

そうした感覚ではなく、データに基づいて合理的な判断を行うための考え方が、**「エクストリーム理論」**です。

先ほど挙げた収益不動産の価格変動要因のうち、①の市場の需給関係については、いろいろな調査機関が新築マンション市場、中古マンション市場、アパートなど賃貸市場の動向について、定期的に調査データを公表しており、個人でもその気になれば簡単に入手できます。

②の金融機関の貸出姿勢は、日銀が３カ月ごとに発表している「日銀短観」の不動産業向け貸出態度指数を見ればわかります。

③の国債の金利は、10年物国債の市場での取引金利を見ます。これは財務省のホームページなどでわかります。

ここでポイントになるのは、逆説的ですが、収益不動産の価格動向です。３つの要因の変化に収益不動産の価格動向を重ね合わせることで、初めて割高なのか割安なのかがわかります。

ただ、これには２つ問題があります。ひとつは、不動産の実際の取引価格が一般にはオープンにされていないということです。

売出し価格はレインズ※に登録されたり、新聞などに広告が掲載されたりします。しかし、土地や中古物件の売買では価格交渉が行われるのが一般的で、成約価格（取引価格）は売出し価格より低くなります。

（※レインズとは、不動産流通機構運営のコンピュータネットワークシステムで、業者間で情報共有するサイトです。専任媒介契約では必ず掲載する義務があります）

アメリカではこの成約価格（取引価格）が、ほぼオープンになっていますが、日本はまだそこまで行っていません。そこをどうするかです。

もうひとつは、金融商品となった収益不動産に対し、他の投資商品との比較でどのくらいの利回りが期待されているのか、ということです。

まず、取引価格についてですが、私はレインズの登録不動産業者などの協力を得て、東京23区内の鉄筋コンクリート造の一棟マンションで、築年が25年前後のケースを時系列でサンプリング調査をし、東京都心の収益不動産のトレンドを調べています。

これを、他の公表データなどと突き合わせて補正することで、ほぼ実態に近い収益不動産の価格と利回りの動向を把握しています。

不動産に対する期待利回りについては、次のように考えます。

金融商品となった収益不動産は、他の金融商品と比較されます。その際、目安になるのは国債です。国が発行する債券である国債は、金融商品の中でも最も信用力が高く、発行額も多いので、他の金融商品と比較する際の基準にされています。

そして、収益不動産は国債に比べるとさまざまなリスクがあるので、国債よりもある程度、利回りが高くないと投資家の期待に応えることはできません。

一般に収益不動産のリスクとしては、次ページの図表16のようなものがあります。

例えば、不動産は株式や国債などのペーパー資産とは違う実物資産であり、見ただけではわからない雨漏り、地盤沈下などの隠れた欠陥（専門用語で瑕疵《かし》と言います）があることがあります。これらのリスクの分だけ、不動産投資に求められる期待利回りは国債の利回りより高くなるはずです。

これを「リスクプレミアム」と呼び、私は東京都心の収益不動産であれば3～4％と見ています。

こうして、国債（特に発行残高が多い10年国債）の金利（利回り）に不動産固有のリスク分（リスクプレミアム）を上乗せしたものが、収益不動産の期待利回り（理論値）となります（次ページ図表17）。

[図表16] 収益不動産の主なリスク(個別要素)

1. 土地の瑕疵（地中埋設物、地盤沈下など）
2. 建物や設備の瑕疵（雨漏り、施工不良など）
3. テナントの賃料滞納
4. 流動性（換金に時間がかかる）
5. 事件や事故によるイメージダウン（自殺、殺人事件など）
6. 大雨、地震等の自然災害
7. 暴力団の占有
8. 想定以上の修繕費
9. 少子化による需要減少
10. 隣地境界問題

など

[図表17] 収益不動産の期待利回りの考え方

10年国債金利 ＋ **不動産固有のリスクプレミアム** ＝ **期待利回り（理論値）**

例：0.1% ＋ 4.5% ＝ 4.6%

ご存知のように日本はデフレが続き、10年国債の利回りは時としてマイナスになったりします。したがって、期待利回り（理論値）も下がります。

しかし、収益不動産のネット利回りは、この期待利回り（理論値）より高くなることもあれば、低くなることもあり、ある一定のサイクルで上下しているのです。

これは、①市場の需給関係と②金融機関の貸出姿勢が大きく影響しています。

現在、日銀の異次元金融緩和により、理論値である「10年国債の利回り＋不動産のリスクプレミアムの利回り」より実際のマーケット価格が過熱し、理論値との乖離が広がっているのはそのためです。

理論値からの乖離はある程度は市場において許容されますが、やがてオーバーシュートして行きすぎが発生します。その部分が〝バブル〟にほかなりません。

バブルとなった価格の歪みはやがて修正され、上がりすぎたものは下がり、下がりすぎたものは上がります。

こうした理論値からオーバーシュートした部分を私は**「極値（The Extreames）」**と命名し、「エクストリーム理論」として16年前から業界に紹介してきました（次ページ図表18）。

**収益不動産価格は、
理論値の両極値（The Extremes）で動く**

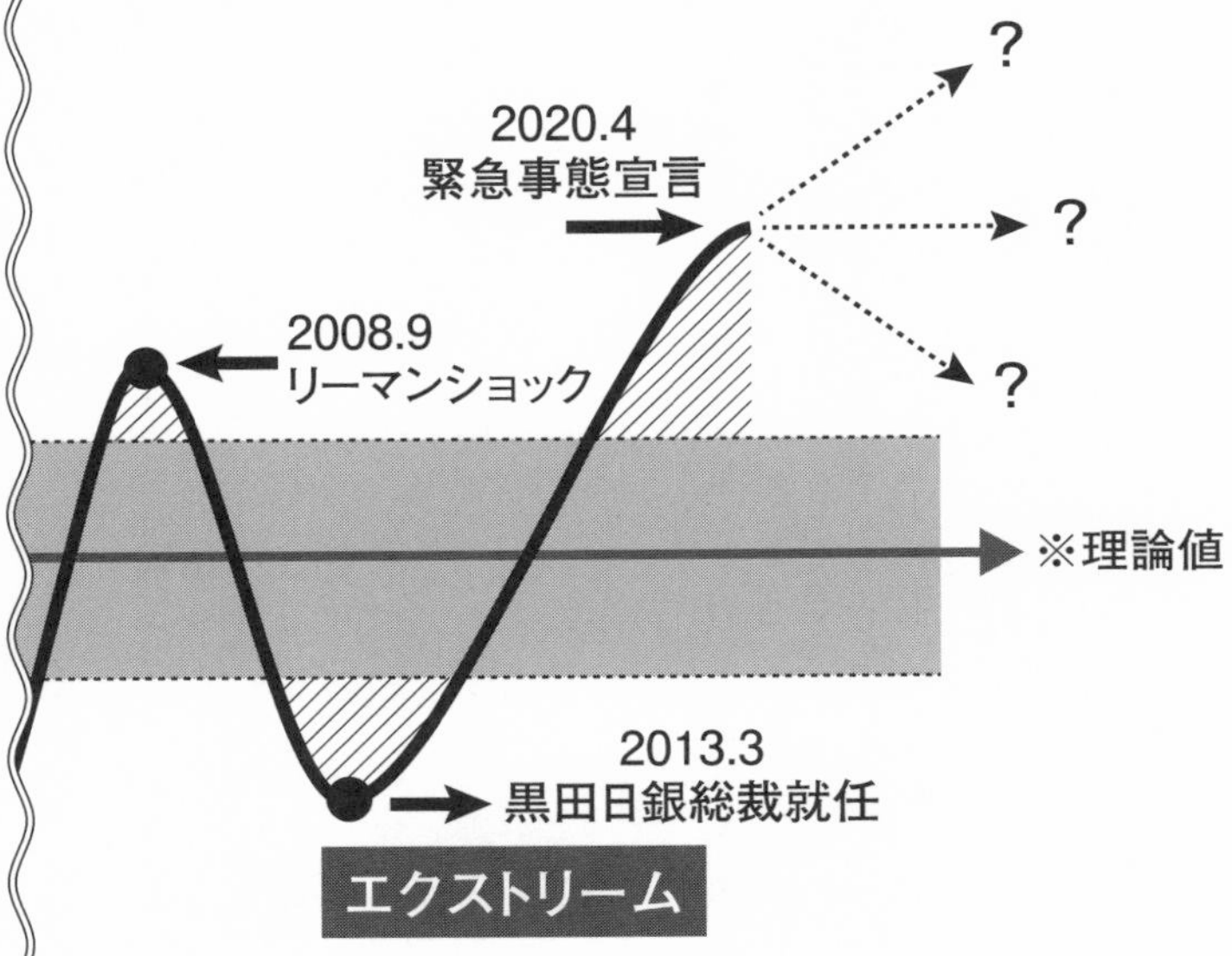

※理論値は、国際利回り ＋ 不動産リスクプレミアム

［図表18］「エクストリーム理論」の概念図

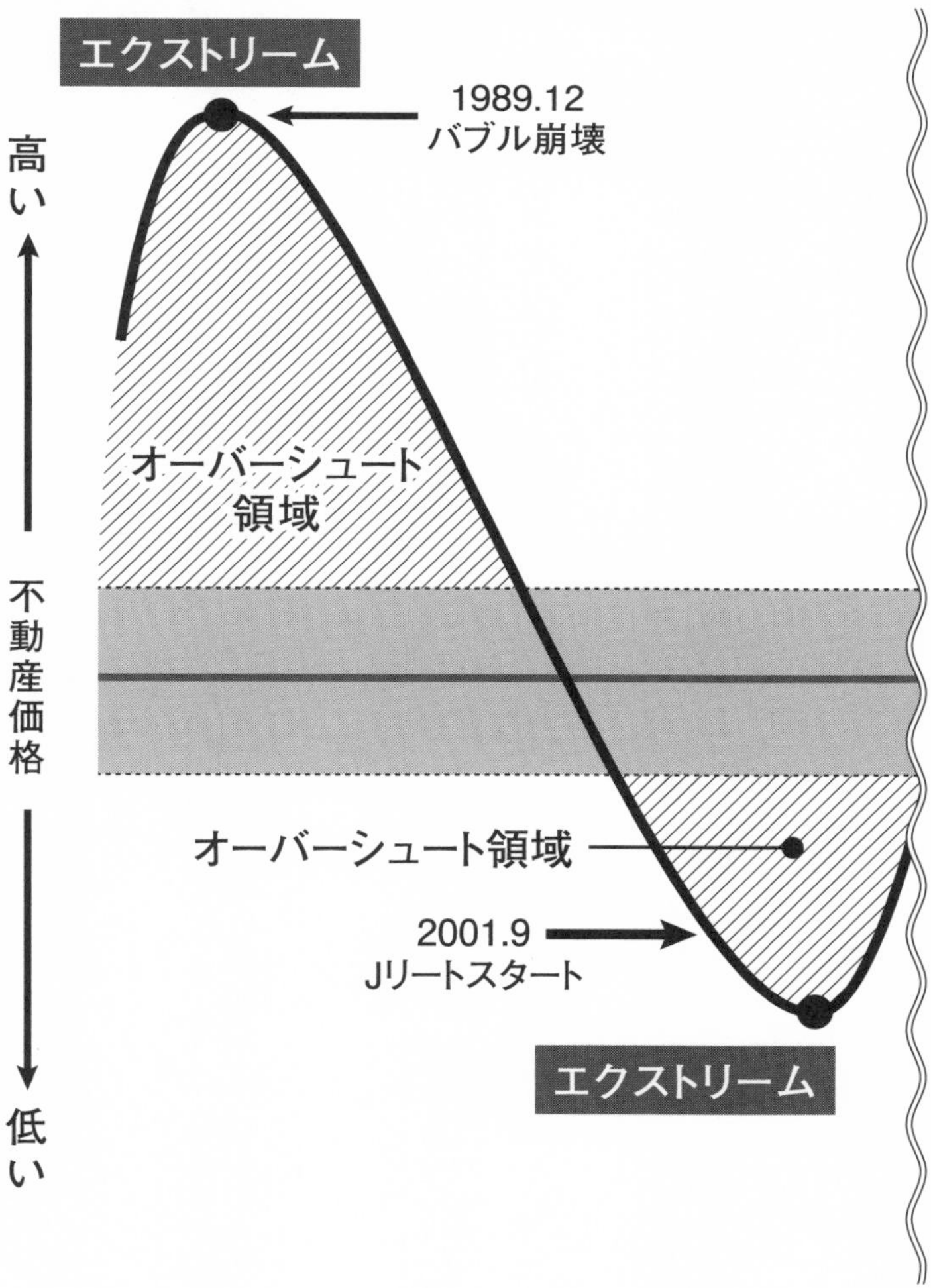

「エクストリーム理論」を理解し、収益不動産の市場価格のオーバーシュートを意識していれば、不動産投資のタイミングを間違え、高値掴みをするようなことはありません。むしろ、世の中が総悲観のときに冷静に行動して勝ち組（少数派）になることができるはずです。

なお最近の傾向としては、世の中の変化のスピードが上がり、エクストリーム（極値）の期間が短くなっているような気がします。

第2部

それぞれの"幸せ"を目指す不動産ビリオネアたち

第2部では、これまで私のところにご相談があり、
アドバイスやサポートを行ってきた資産家の方々の
事例をいくつか紹介します。
具体的な事例を通して、「時間割引率」や「投資家脳」など、
第1部で説明した投資の本質に関わるポイントを
より深く理解することができると思います。
また、時間を置いて読み返せば、
さまざまな気づきが得られるはずです。

ケース1
3世代にわたる長期的視点からの相続対策
両親、自分たち、子どもたちの安定した未来へ向けて

夫婦とも実家が資産家で自身は高額所得者

海外勤務のA氏は5年ほど前、私の著書『余命一カ月の相続対策』（幻冬舎刊）を読み、日本に一時帰国した際、相談に来られました。

お話してみると、ご家族の資産について現状と問題点をきちんと整理されており、さすが外資系企業の海外法人を任せられている方だと感心しました。

A氏はご自分の実家が資産家ですし、奥様の実家も資産家です。また、ご自分は高額所得者であり、未成年のお子さんが3人いらっしゃいます。

当時、奥様のほうは母親がすでに亡くなっており、一人娘としていずれ父親から相続を受け

る予定でした。また、叔母の財産も相続することになっていました。

「気がかりだったのは、義理の父も叔母も認知症気味だったことです。家族全員で海外に居住しており、直接、扶養することはできない状況でした。

いずれ老人ホームに頼ることになるとしても、条件が良くて安い老人ホームなどなく、安心できるようなところになると、一時金と毎月の費用をある程度出さなくてはいけません。公的年金だけでは難しく、収益不動産からの賃料収入などがない限り、預貯金が目減りする一方です。さらに、私の両親のことや子どもたちが大学へ行くとなるとその教育費もかかります。

何も対策を打たなければ、資産が目減りするだけでなく、今ある財産を将来、子どもたちにしっかりと引き継げないのではないかという不安もありました」（A氏）

相続対策と言うと、不動産を活用するパターン化された手法が紹介されていますが、実際に私のところに相談に来られる資産家の皆さんの状況は千差万別です。ひとつだけでなく複数の課題が絡み合っており、どこから手をつけていいのか、すぐにはわからないようなケースが少なくありません。

A氏もそうでした。

夫婦それぞれの相続対策、ご自身の所得税対策、さらにはお子さんたちへの承継対策が重なり合っており、どこから手をつけたらいいのか、またどのような対策を講じていけばいいのか、専門家のアドバイスが欲しいということで、私のところに相談に来られたのです。

こうしたケースでは、目の前に迫っている相続への準備を早急に行うとともに、まだ先のことになるとはいえ、次世代への資産承継についても配慮する必要があります。

対策の基本は、相続税を減らしつつ、資産とそこからの収入を増やすことです。A氏との二人三脚での対策がスタートしました。

奥様の父親の相続対策から着手

まず、奥様の父親の認知症が進む前にその相続対策をしなくてはなりません。そこで、遺言書と任意後見制度を活用することにしました。

相続人はA氏の奥様一人であると思われましたが、念のため遺言書を作成し、全財産を奥様が相続することにしました。また、財産の棚卸と名義変更の利便性を考え、遺言書を公正証書で作成しておきました。

遺言書作成と同時に行ったのが、任意後見制度の活用です。認知症になると財産が自由に動かせなくなり、弁護士等の第三者である成年後見人にいちいちお伺いを立てなくてはならなくなります。

第三者による財産管理を避けるには任意後見制度を活用し、相続人であるA氏の奥様を後継人に指定しておけば、財産管理は主に奥様一人の判断で可能になります。

次に行ったのは、相続税評価額を下げることでした。

よく借金してアパートを建てるとか、借金で不動産を購入すれば、債務控除で相続税評価額が下がると説明されていますが、借金そのものには相続税評価額を下げる効果はありません。借金しただけでは貸借対照表の左に現金が残っており、純資産はそのままなので相続税評価額は変わらないのです。

相続税評価額が下がるのは、資産の時価と評価に乖離がある場合です。その代表例が収益不動産であり、現金で購入しようが、借金して購入しようがその効果に変わりはありません。

A氏の奥様の父親は、見方によっては認知症が進んでいるようでもあり、銀行融資を受けるために多くの書類を理解してサインするのはハードルが高いと思われました。

そこで、相続税評価額を下げる効果は限られますが、自己資金の範囲で収益不動産を買うことにしました。1億円くらいの小ぶりのもので、手持ちの現金と保険の解約や郊外にある区分マンションの売却で資金調達しました。

購入した収益不動産の相続税評価額は約7000万円です。これを賃貸に回し、経費を除いたネット利回りが5％で年間500万円、月々40万円くらいのキュッシュが生まれました。その後、奥様の父親の症状は進行。一人で家にいては振り込め詐欺などにも遭いかねないので、都内の環境の良い老人ホームへ移ることになりましたが、その費用は十分賄えました。

ただし、奥様の父親には自己資金が残っており、それには相続税がかかります。そこで次に、この自己資金の残りを出資して資産管理会社（同族会社）を設立することにしました。

この資産管理会社にA氏の奥様も多少出資して代表取締役となり、そこで資本金とローンを合わせて収益不動産を購入するのです。

同族会社が取得する収益不動産は、取得から3年すると株価の評価上、相続税評価額での評価となり、一方、ローンは残債の額面で評価されます。そのため、会社の純資産がマイナスとなり、株価はゼロ。相続税がかからなくなります。

ただし、取得から3年経たないうちに相続が発生すると、収益不動産は相続税評価額ではなく、取得価額で評価されてしまいます。同族会社の株価を下げるには、相続より3年以前に対策を講じる必要があるのです。

A氏の奥様の場合、3年にわずか数日足らずで父親の相続が発生してしまい、株価をゼロにすることはできませんでした。それでも相続発生までの間、家賃収入によって資産管理会社の資産が増えたことは収穫でした。

叔母の相続対策では底地の処理がポイント

奥様の叔母さんについては、不良資産の処理から着手しました。特に、都内に所有する狭小ビルの底地が問題でした。たいした地代をもらっているわけでもないのに、相続税評価額は一人前に高いのです。底地には通常、市場流通性はなく、土地の借主（借地人）に売るぐらいしか方法はありません。

しかも、借地人は借地権があるとの理由で通常の更地価格から借地権価格（7割程度）を除いた金額での購入を希望します。

地主からしてみれば、安く土地を貸しているのに、貸したがために土地の権利の半分以上も借地人に持っていかれるのは、理屈で理解しつつも感情では到底理解しがたいものです。

しかし、そこはA氏側も冷静になり、話し合いで底地を借地人に売却することにしました。

借地人は弁護士をつけましたが、特段、不動産取引や借地に詳しいわけでもなく、共同仲介者のような感じで淡々と価格を決め、決済に至りました。

当事者同士だけでは往年の恨みつらみが噴き出したりするので、代理人を通しての交渉は借地問題の解決には効果的です。

こうして底地を処分した資金は、奥様の父親の相続対策のために設立した資産管理会社へ叔母さんが出資することとしました。

叔母さんの相続はおそらく3年以上経った後と思われるので、株価は下がっており、相続対策としては間に合います。

また、叔母さんが所有する収益不動産から得られる現金の増加分をさらに資産管理会社に増資することや、A氏のお子さんたちに毎年贈与するなどの手も残っています。

父親の相続対策では老朽ビルなどを一旦処分

Ａ氏の父親は、都内に古い狭小ビルを持っていました。以前、そこで飲食業を営んでいましたが、高齢になったために廃業していて、現在は使っていません。

ただ、建て替えるにしても敷地が小さすぎ、消防用の避難通路などを設けるとワンフロアに一室しか取れません。また、高齢の父親にとっては、今さら借金をするのも億劫です。

そこで結論としてはこの老朽ビルと郊外にあった旧自宅用地を売却し、一旦キャッシュにすることにしました。そのキャッシュで収益不動産を購入しておけば、父親には安定収入が入りますし、キャッシュに比べて相続税評価額も下がるので、一石二鳥の対策です。

購入物件としては、ローンを使わないので、利回りよりは資産価値が高く、時価と相続税評価額の差が大きい収益不動産が良いと考えられました。

そこで私がお勧めしたのは、人気のある城南地区の新築賃貸マンションです。なぜかと言うと出口が想定しやすいからです。

将来の話になりますが、相続後しばらくして大規模修繕の時期を迎える前に一旦売却します。

その頃には賃料収入も貯まっており、資産価値さえ下がっていなければ、相当のキャッシュが手元に残るはずです。

A氏にはお子さんが3人いるので、そのキャッシュを新しい資産管理会社を設立する資金にしてもよいでしょう。タイミングを見て株価ゼロの株を贈与することもできます。

お子さんたちには資産管理会社が取得する収益不動産の賃料が安定的に入ってきますし、事前に相続対策も終わっていることになります。

本人の所得税対策も収益不動産で

A氏自身は、外資系企業で海外子会社の代表取締役をしていたこともあり、給与所得は多く、高額納税者となっていました。

高額納税者は所得税の適用税率が最高50～55%に達しますが、定年になるとガクンと所得が落ちるので、所得の高い間に経費をつくり、所得税対策をしたいのが人情です。

経費をつくる方法として優れているのが、収益不動産への投資です。投資したお金が経費(特に減価償却費)として活用でき、その投資自体のリターンが定年後にも得られて一挙両得だからです。

ただ、所得税対策という言葉に騙され、利回りを考えないで投資をして失敗するケースが後を絶ちません。その点、A氏は私と一緒に不動産投資を学ぶ中で、節税は副次的な効果であること、主眼は収益不動産そのもので利益を上げ続けていくことをよく理解していらっしゃいます。その後、都心の新築賃貸マンションを購入することになりました。

もちろん、実際には空室が増えたり、それに伴って原状回復費用や新規の広告費がかさんだりなど、うまくいかないこともあります。そこで、管理会社の役割が重要になります。A氏もそのことを感じていたようです。

「最初の管理会社の担当者はそれなりに一生懸命にやってくれたのですが、最後はやはり他人事という感じでした。オーナーの立場に立って本気で賃貸経営を代行してくれる人に出会えないのが悩みでした。

いま、新しく依頼している管理会社は、必要な費用は必要として請求が来ますが、賃料の設定など募集戦略について丁寧に相談に乗ってくれ、経験豊富な実績に基づいて具体策を提言してくれるので、頼もしく感じています」（A氏）

なお、不動産投資における主眼は収益不動産そのもので収益を上げ続けることだと言いましたが、利回りについては注意が必要です。

収益不動産の中には、利回りが相場より高くて良さそうに見えるものの、実際には〝かさ上げ〟されているケースもあります。

例えば、売主が3カ月の広告費を不動産会社に出し、相場より賃料が1万円ほど高く客付けされているようなケースです。こうした物件は、空室が出たら不動産会社に同じように3カ月分、管理会社に1カ月分、合計4カ月分の手数料を支払わなくては、同じような賃料で客付けができないことが想定されます。

それを見越して指値で安く購入できているならよいのですが、そうでなければ退室のたびに賃料が下がり、高い買い物をしたことになってしまいます。最近、新築物件にこの手が多いので、たとえ満室だからと言って安心してはいけません。近隣の同等の物件とよく比較して、坪賃料が高すぎないかを確認しておく必要があります。

将来の資産承継を見据えた資産設計を継続

以上のように、A氏は相続税で財産を減らさず、不良資産を優良資産に変え、資産管理会社を設立するなど、基本的な対策はすべて行ってきました。

これは実は、銀行の協力なしにはなし得ないことです。銀行には資産背景がすべてわかる資料や遺言書、相続関係図を提出し、万全の対策をしている不動産投資であることを理解してもらい、資金を調達してきたのです。

今後はさらに、賃貸経営の実績を積み、お子さん３人への相続を視野に入れながら、総合的な見地から資産設計を実行していかなくてはなりません。

これまでと同じようによく勉強し、自分なりに理解して考え、焦らずじっくり対策を実行に移していけば、何の心配もないでしょう。

ケース2

資産管理会社を設立して二次相続対策を実践

一族の大切な資産を相続税と所得税から守る

税理士から助言がないことへの不安がきっかけ

Bさんとは30年近いお付き合いです。千葉県内の地主一族の長女で、筆者は先代のときから土地活用をお手伝いさせていただいています。

父親の相続（一次相続）が発生した際、顧問税理士の「遺産分割は家族で話し合って決めてください」という言葉に不信感を持ったBさんから、セカンドオピニオンを求められたことで、相続対策についてもサポートが始まりました。

「資産をどのように分ければ、それぞれの家族の今後の生活設計ができるか？」

「二次相続も含めてどのように分ければ、相続税が安くなるのか？」

「相続後の資産運用をどうすればよいか？」

「所有する農地について、生産緑地は解消したほうがよいのか、続けたほうがよいのか、その理由は？」

「嫁に行った妹（次女）のことは、どこまで考えてあげればよいのか？」

Bさんによれば、相続にあたってはたくさんの検討事項があり、その具体化が遺産の分割案となるわけですが、顧問税理士からはまったく助言がないので不安を感じたそうです。

ただ、そもそも税理士は税金の計算と納税の専門家であって、そこまでの助言を求めるのは酷だとも言えます。

基本方針とともにスケジュールと役割分担を決定

冒頭にも述べたように、Bさんとはもともと長いお付き合いがあり、資産内容や家族関係をよく存じ上げていました。

そこで、目の前の相続（一次相続）についてはもちろん、将来に想定される母親の相続（二次相続）についても、まとめて考えることになりました。

まず重要なのは、ご家族の意向です。そのためにも、資産ごとの相続税評価額、時価、収入、費用を数値で示し、それぞれの特徴を言葉にして明確化することから始めました。

相続税については数パターンの分割案を想定し、シミュレーションを行った結果、一次相続での納税のため、母親名義とした土地の一部を売却。さらに、残金で資産管理会社をつくって、所得の分散を図ることとしました。

この資産管理会社の代表者にはBさんのご主人を据え、将来の二次相続対策として、都心の優良な収益不動産を購入し、所得の確保も行うのです。

遺言書の作成、成年後見制度の活用、妹さん（次女）への生前贈与と相続放棄、資産管理会社への資産移転など相続対策の基本方針を決め、スケジュールと役割分担についても検討しました。

こうしてコンサルティング業務委託契約に基づき、抜け漏れのないようにマネジメントしながら、10カ月という短い納税期限までの間に淡々とすべての対策を行っていきました。

これだけの作業を10カ月で完了できたのは、依頼者であるBさんの高い理解力と意思決定能力、リスクテイクする勇気のおかげでした。

いくらコンサルタントが効果的・合理的な提案を行おうとも、信頼関係と依頼者の決断力がなければ、絵に描いた餅になってしまいます。

（※本書は相続対策のテキストではないので、詳細は割愛します。詳しく知りたい方は『相続資産の上手な増やし方』週刊住宅新聞社刊の第8章「ドキュメント／不動産コンサル　遺産分割から資産設計まで」など、過去の著書を読んでみてください）

生産緑地を解除して東京・赤坂にビルを取得

このとき、二次相続対策として、生産緑地となっていた農地の指定を解除して売却しました。その代金を頭金にして取得したのが、東京・赤坂のビルです。

このビルの土地の路線価は購入当時の２０１１年（平成23年）には82万円／㎡でした。それが２０２０年（令和2年）には１３０万８０００円／㎡と、１・6倍になっています。

売却した農地（生産緑地の指定解除後は宅地並み評価）の路線価は売却当時の２０１１年（平成23年）には17万円／㎡でしたが、２０２０年（令和2年）には15万５０００円／㎡と、逆に下がっています。

買い換えを決断したBさんご家族の勝利であることは間違いありません。資産の組み換えによって財産としての価値が大幅にアップし、わずかばかりの農業での収入が毎月280万円の賃料収入に変わったのです。この賃料収入が現在、ご家族の生活を支える基盤となっています。

もし、あのとき、他の地主のように先祖伝来の郊外の土地にこだわり、入居者の確保にも苦労するような儲からない賃貸マンションを建てていたら、恐ろしいことになっていたでしょう。

さらなる二次相続対策と資産拡大へ

赤坂のビルは4・5億円で購入しましたが、今売却するとすれば、2倍近い8・5億円くらいで売れそうです。また、資産の組み換えなので、もともとローンも少なかったのですが、10年経って残債は8000万円くらいまで減っています。

この10年で債務は減り、路線価は上がったので、資産価値としてはありがたい一方、相続対策についてはもう一度、やり直さなければならない状況です。

そこで、この優良資産の担保力、収益力を裏付けに、さらなる二次相続対策と資産の拡大を行っていくことにしました。

Bさんの母親としては、これ以上借金をしたくないとの意向があったので、効果は限定されますが、母親名義で小さな木造アパート3棟を都内に購入しました。表面利回りが7％を超えており、相続対策というよりは収益対策に近いと言えます。

また、資産管理会社で、資産設計の一環として新たに収益不動産を購入することにしました。ただ、物件価格が高止まりしていて、新築の一棟賃貸マンションの表面利回りが4・0〜4・5％くらいが相場になっています。このくらいの利回りのものを購入すると、家賃収入からローン返済を行うには厳しい数値となります。そのため、自己資金を多めに入れなくてはなりません。

表面利回りが5・5％くらいになれば、家賃収入の中からローンを返済していっても余裕が生まれます。そのような物件が出てくるのを待っていたのですが、なかなか出てきません。

コロナで市場が弱気になったタイミングで購入

ところが2020年（令和2年）4月、新型コロナによる緊急事態宣言が出されたとき、弱気になる人も出てきて、5・0％を超える新築一棟マンションが売りに出ました。恐怖で市場が弱気になっているときが投資のタイミングとしてはベストです。

こうしてBさんは、都内にある3億円の新築一棟賃貸マンションを資産管理会社で購入しました。利回りは表面利回りで5・4%、自己資金を10%入れ、残りはローンです。

賃料収入は毎月135万円で経費は30万円、差し引き105万円の粗利です。ローンの返済は元利合わせて月85万円なので、20万円のキャッシュフローが残ります。

また、毎月のローン返済85万円のうち元金返済が67万円であり、毎月67万円の積立貯蓄をしているという感覚です。

家賃収入に対する元金の返済率は50%で、このくらいの余裕があれば、多少の空室や思わぬ修繕費などが出てきても、キャッシュフローがマイナスになることは考えにくいと言えます。

最近、金融機関によっては自己資金を20%以上、極端な場合には50%求められるケースも増えてきていますが、資産家で十分な収益力と担保力のある収益不動産を持っていれば、金融機関側から金利、返済期間、融資額、保証人、手数料などで有利な融資条件を積極的に提示してもらうことができます。

「レバレッジ」と「期限の利益」の本当の意味

Bさんの母親は借金をするのはもう嫌だということですが、Bさん夫妻は賃貸経営と投資の経験を積み、このような優良な投資先に資金を充てる場合においては、借金という認識ではなく、投資効率を高める「レバレッジ」という日本語では訳すことのできない概念を理解されています。

第1部でも説明しましたが、銀行からの借入は専門的には「期限の利益」と呼び、借金ではなく利益です。

現に今回の例では、経費を差し引いて毎月105万円のキャッシュフローが生まれており、その対価として払っている金利は1%以下、毎月17万円ほどです。105万円と17万円の差、88万円が期限の利益であると言えるでしょう。

もちろん、これはあくまで賃料が今後も下がらず、将来売却するときに購入した金額と同程度で売却できた場合の話です。

実際には、赤坂のビルのように不動産価格が上がっていくとすれば、期限の利益はもっと大きくなります。すなわち、優良不動産へ投資できるのであれば、融資を受けること自体が期限の利益を生むことになるのです。借入ができた人にとっては、その時点で将来の大きな利益を銀行から受けられたと言ってもよいでしょう。

金融機関から供給されたキャッシュ（借入）で収益不動産を購入し、そこで得られた利益から元金を返済していけば、購入した収益不動産の市場価格が変わらない限り、積立貯蓄ができているのです。

Bさんも子や孫のために、この積立貯蓄を資産管理会社の法人名義で行っているわけです。将来的に資産管理会社の株を子や孫に贈与すれば、相続対策も完了です。

一般に不動産の相続税評価額は市場価格より低く、ローンの残債はそのまま100％債務となるので、資産管理会社の株の価値はゼロと見なされ、贈与税の心配もいりません。

優良な収益不動産による資産設計は、相続対策や生活設計などにとっての万能薬です。

Bさん一家は相続で家族が仲たがいすることもなく、資産を守りながら増やしていくことに成功しつつあります。お金の自由、時間の自由、良好な家族関係を手にした幸せな資産家の一例だと言えるでしょう。

ケース3

不良資産の買い換えで純資産の拡大サイクルへ

「事業用資産の買い換え特例」とレバレッジの徹底活用

相続した築30年のビルの対応

当社のホームページを見て訪ねてくれたのは、大手金融機関に勤務する、20代後半のC氏でした。東京都内の有名私立大学を卒業してから、寝る暇もないくらいに働き続ける毎日だと言います。

当社を訪れたのは、都内のターミナル駅前に所有する雑居ビルの今後についてどうするかを相談したいというのが理由でした。C氏は早くに親からの相続でこのビルを取得していました。すでに築30年で老朽化の心配がある一方、今も満室で毎月700万円近い賃料が入ってきており、借入は残り1億円ほどです。

このまま所有していてもまとまった賃料が入ってきているので、無理をせず現状維持でいこうと考えるのが一般的でしょう。

人それぞれですが、ある程度の年齢になると保守的傾向が強くなり、何もしないという選択をするものです。また、リスクを取ってリターンを追求できるかどうかというのは個人差が大きく、若いからと言ってリスクに果敢に挑戦するとは限りません。

不良資産を優良資産に組み換える必要性

しかし、C氏は現状の安定より、将来のリスクを回避しつつ、さらなる飛躍を目指すことに対してポジティブでした。目先の少ない利益より将来の大きな利益を考えられる、いわゆる「時間割引率」の低い人です。

そこで私からは、次のようにお話しました。

このまま所有していても賃料が入るし、立地も良いので、当面は困るようなことはないでしょう。ただ、10年後、20年後を考えたとき、資産価値を維持できるかどうかはわかりません。建物や設備は確実に老朽化していき、テナントが埋まりにくくなるリスクが想定されます。

そうなったとき、気になるのは金融機関の目です。将来、何か新しい事業を起こすときなど、老朽化した雑居ビルを所有していることがマイナスに働く可能性がないとは言えません。

私の提案は、思い切って一旦売却することでした。

入念に準備した売却戦略

ただし、売却するにしても、賃料収入の割に高く売れるわけではありません。なぜなら、老朽化した雑居ビルは普通の金融機関では融資がつきにくく、主に現金客が買主となるからです。一般的には10年で回収ができるレベルの価格にならなければ、買い手を見つけるのは困難です。10年で投下資本が回収できるということは、ネット利回りが10%ということです。さらに経費を考慮すると、表面利回りで12%、すなわち月額賃料の100倍くらいでの売却価格となります。

ビルやホテルを現金で購入できる顧客を持つ不動産業者は数少ないですが、ないわけではありません。私のネットワークの中から、購入を検討できる人が出てきたとの情報を得ました。価格はこちらからあえて提示しませんでした。価格欄は「ご相談」という表記にしておきました。現金客が簡単に見つかるわけではありません。しかも、8億円を超える価格です。こういう物件は市場でオープンになってしまっても、「出回り物件」として敬遠されてしまいます。

そこで、賃料や経費、図面などの資料を渡し、購入者に最初から目いっぱい出せる金額を提示してもらうことにしたのです。こうすれば相対で取引する形になり、売主から価格提示するのと比べ、高く売れる可能性が高まります。

買主からすれば他の検討者もいるはずだと思ってくれ、自分が欲しい金額ではなく、「いくらだったら他のライバルに負けないだろう」という発想で価格を提示してくれるのです。かといって、このような現金でしか買えない物件は、あからさまな入札では購入者は及び腰になってしまうものです。よほど気に入ったものでない限り、入札に参加してまで購入しようとはしないのです。そのあたりの〝あんばい〟は、ある種の技術でもあります。

結局、最終価格は8・8億円、表面利回り9・5%で決着を見ました。

買主から見れば表面利回り12%で買えたら文句なし、表面利回り10%で買えたらラッキー、9%なら購入見合わせ、また次の機会にお眼鏡にかなう物件が出たら購入するといったところでしょう。

売主、買主双方にとって納得のいく価格で取引が成立しました。

特例を使って課税の80％を繰り延べ

売却の次は買い換えです。売却するだけでは毎月700万円の賃料収入がなくなってしまい、キャッシュが残るといえども、そのキャッシュをうまく活かさなければ、貯蓄が目減りしていく一方です。

基本的には、売却代金を元手に、より安定的な収益不動産に買い換えていくのが基本戦略です。当社ではこれまで、不良資産を優良資産に組み換える助言を数多くしてきましたが、C氏はある意味、最もそれが必要な資産家でした。

C氏としては借金1億円を返済し、税金を払った残りが次の投資に回せる金額です。ただし、「事業用資産の買い換え特例」を使えば、課税の80％が繰り延べされます。キャッシュを活用して、新規に投資をするのが目的ですから、当然、買い換え特例を使うことを選択しました。

仮に取得費を除いた課税所得が5億円とすると、本来であれば5億円に対して法人税が約36％かかります。

一方、買い換え特例を使えば課税対象が1億円として計算できるので、4億円分に対する課税が繰り延べされ、4億円の約36％、1・44億円のキュッシュが余分に残ります。残債返済、法人税、諸費用を除くと手取りは7億円ほどで、この資金をいかに活かすかがポイントです。

手元に2億円ほど残すなら、5億円を投資することになります。不動産投資においてレバレッジをかける場合、自己資金は一般的に20％、残りがローンとなり、25億円の投資ができます。25億円の収益不動産を購入するとして、表面利回り7％、経費率20％とすれば、ネット利回りは5・6％です。

組み換え前は月収700万円、経費140万円、月額利益が560万円でした。組み換え後は、月収1450万円、経費290万円、月額利益が1160万円となり、売上げも利益も倍増します。

ただし、20億円の借入の返済があります。360回払いとすると、月額555万円の元金返済です。元金返済をすると手取りは605万円です。手取りベースで見ると、一見そんなに買い換え前と違いがないように見えます。

ところが、この毎月555万円の元金返済は、利益の中から積立貯蓄をしているのと同じことで、利益が1160万円あるのは間違いありません。

積立貯蓄ですから保険の満期と同じで、出口で初めてこの利益がキュッシュとして表に出てくるのです。５年後、10年後にローンが減った段階で売却すると、その時点で含みになっていたキャッシュが表に出てくるわけです。

キャッシュフローより内部留保に注目

ここで気づいていただけいたでしょうか。

とかく我々は目に見えるキャッショフローに注目しがちであり、通帳に残る金額を気にします。しかし、元金返済は内部留保をつくっていることにほかならず、売却時にその果実を得られるのです。

C氏の組み換え前と組み換え後の資産を比較したのが、次ページの図表19です。

築年数が新しくなっているほか、すべて大規模修繕済のものを購入しているので、将来の老朽化の心配が大幅に軽減されています。

月額５５５万円の元金返済は毎月含み益をつくっているようなものです。ある程度の返済が進んだ時点で売却すれば、キャッシュが戻ってきます。入れた自己資金と返済が済んだ分が手元に戻ることになります。

[図表19] C氏の組み換え前の資産と組み換え後の資産の比較

組み換え前（月額賃料）		組み換え後（月額賃料）	
雑居ビル 1棟	700万円	学生寮 1棟	400万円
		賃貸マンション 1棟	150万円
		賃貸マンション 1棟	580万円
		耐火アパート 1棟	70万円
		賃貸マンション 1棟	250万円
合計	700万円	合計	1450万円

そのためには、家賃を絶対に下げないことです。エントランスやエレベーターなどを美しく改修したり、内装をリフォームしたりするなりして、賃料を下げないようにします。

そのための経費はかかりますが、将来高く売るためには必要な経費です。もちろん経費ですから、法人税を減らすことにもつながります。

資産が約3倍になったのは、意図して行った分もありますが、買い換え特例を有効に使ったためです。

なお、8・8億円の売却資金のうち建物の割合はわずかで、土地が大半です。買い換え特例においては一般的に、土地は土地へ買い換えます。約8億円の土地を売ったならば、

8億円の土地分を購入する必要があります。建物が新しかったり、郊外であったりすると建物の比率が土地の比率より高く、土地の割合1／3、建物の割合2／3ぐらいが一般的です。となると、土地8億円分、建物16億円分の収益不動産を購入するということになります。よって、総資産は増えていきます。総資産が増えると利益も増えます。利益が増えると純資産が増えていきます。

買い換えた時点では、借金が増えているだけで純資産は変わりませんが、買い換えることにより利益が増え、その結果、純資産が次第に増えていくのです。

また、総資産を増やす過程で減価償却資産が増え、法人税を大きく下げました。特に初年度は手数料や不動産取得税などの経費もあり、投資を行うことによって課税所得を減らし、法人税の節税にも寄与しました。

融資を受けやすい金融機関との付き合い方

順風満帆にいっているC氏の不動産投資にも、壁がやってきました。それは、最近、金融機関の査定が厳しくなってきたことです。レバレッジを利かせて投資効率を上げているのですが、それがいつまでも続くわけではありません。

銀行は借入絶対額のキャップ（上限）を想定しているので、ある程度の金額を超えると貸してくれなくなります。そういう場合は他の銀行をあたると貸してくれることがあります。また、別会社をつくって新会社で融資を受けるという方法も考えられます。

ただ、銀行は基本的に、他の銀行の借入や別の資産管理会社の借入や、個人の借入と資産などを総合的に見るため、別会社をつくったり、他の金融機関を利用したりするだけで資金調達額を増やせるわけではありません。

時には、含み益がある収益不動産や元金が減っている収益不動産を売却してキャッシュを表に出し、借入額の総額を一旦減らすのも手です。

なるべくなら法人決算の期末まで保有し、期末に売却することによって、賃料収益を長く得ながら、キャッシュを表に出します。このようにして決算書で利益を最大化させると、現金の潤沢な会社として銀行の評価も上がり、格付けも高くなり、融資が受けやすくなって、金利等の条件も良くなるはずです。

ＩＲＲを重視して資産拡大のサイクルを継続

Ｃ氏は勤務先で財務分析などの豊富な経験を持ち、ご自分の不動産投資においても投下資本に対する利益率に力点を置いた価値判断を行います。

賃貸マンションなどに投下した自己資金が、例えば5年後に売却したとして、どれだけキャッシュが増えるかということへのこだわりです。まさにこれは投資家的発想です。

私はＣ氏には「ＩＲＲ20％超えを目標にしましょう」と助言しています。

ＩＲＲとは「内部収益率」と呼ばれ、「投資によって得られる将来のキャッシュフローの現在価値と投資額の現在価値が等しくなる割引率」のこととされます。これだけでは何のことかよくわからないでしょうが、不動産投資ではローンによるレバレッジで、投資資金（自己資金）をどれくらい効率よく増やすことができるかの目安となります（83ページ図表12参照）。

例えば、購入価格と売却価格が同じであると仮定して、現金だけで購入するのならば、せいぜいＩＲＲは４％です。６倍のレバレッジがかけられれば、金利分を除いてもＩＲＲは20％に上がります。

5年後の売却価格が大きく影響してくるわけで、DCF法の観点からは、賃料をなるべく下げず、できれば賃料を上げることがどれだけ重要であるかがわかります。

このように若くして投資家的発想を身につけて実践しているC氏ですが、普段は仕事で多忙を極めており、不動産投資に関してはコンサルタントの私にかなりの部分を任せてくれています。私がまるで自分の資産のような意識を持って最適案を考え、重要な局面ではC氏の判断を仰ぐという関係でスムーズに資産形成が進んでいます。

意思決定も早く的確で細部にはこだわらず、本質だけに着目することができるC氏は、今後も純資産拡大のサイクルを継続されることでしょう。

ケース4

オフィス購入による法人資産の〝積立貯蓄〟

事業利益を不動産に変えてさらに事業が安定

「本社ビルを建てると会社が傾く」という俗説

５年前の夏、知り合いの税理士の紹介で、ＩＴ関係の企業を経営されているＤ氏が私の事務所を訪ねてきました。

お話を聞くと、顧問であるその税理士から「とにかく福田を訪ねてみてください」と言われたとのことで、特段問題を抱えているわけでもなく、とりあえず不動産投資の基本を勉強するところから始めることになりました。経営者だけあってＤ氏は知識欲旺盛で理解力も早く、マンツーマンの勉強会自体を楽しんでいらっしゃる感じでした。

会社は無借金経営で、売上、利益、社員数のすべてが右肩上がりです。工場や営業所といった設備投資を行っているわけでもないので、会社の資産としては現金と税金対策のための保険積立金が増える一方でした。

オーナー企業ですから、外部からとやかく言われることはありませんが、投資家的な視点で見ると、資産を有効に使っていないとも取れる状態でした。

第1部で紹介したような不動産投資の原理原則をひと通り学んだ後、D氏が最初に手をつけたのが本社ビルの取得でした。

昔からビジネスの世界でよく言われるのが、「本社ビルを建てると会社が傾く」という話です。これは一理ありますが、本社ビルの取得そのものが問題ではなく、取得の仕方に問題があるのです。

失敗するのは、「余裕資金があるから」とか「銀行が資金を貸すと言っているから」といったあいまいな理由をきっかけに、投資効率など考えない経営者の〝趣味〟の延長線上で無駄な費用をかけるからです。

本来なら、借りているオフィスの賃料と本社ビルを取得した場合のローン返済額を比較し、さらに本社ビルの一部を貸せばどのくらいの収益が見込めるかといった点まで、きちんと検討しなければなりません。

もし、借りているオフィスの賃料よりローン返済額のほうが多いようなら、そのままオフィスを借りておいたほうがよいでしょう。

ただ、オフィスの賃料は払ったままで戻ってきませんが、本社ビルを取得するためのローン返済は、キャッシュフローの上では資金が出ていきますが、元金返済の分だけバランスシート上の負債が減っていき、純資産が増えていくということを忘れてはいけません。ローンの元金返済は積立貯蓄と同じで、内部留保をもたらしているのです。

ここで重要なことは、取得する本社ビルの資産価値が目減りしないことです。より正確に言えば、資産価値が多少、目減りするとしても、それ以上に元金が減っていけばよいのです。

残念ながら、企業経営者でもこのことをよく理解している人は少ないように見受けられます。

毎月400万円の元金返済は積立貯蓄と同じ

さて、D氏が購入したのは都心の駅から徒歩2分のオフィスビルです。表面利回り6・5%、ネット利回り5・1%。立地はもちろん、投資利回りも申し分ありません。

購入したときに半分はテナントが入っており、残りの半分は自社使用することにしました。ローンの返済額とテナントからの家賃収入はほぼトントンで、今まで払っていたオフィスの賃料がほとんど浮いたことになります。

それより大きいのは、返済期間14年で元金がどんどん減っていくということです。賃料相場も上がっており、土地の相続税路線価は購入当時68万円／㎡だったものが、6年後の現在では95万円／㎡と1・4倍になっています。

ビル全体の資産価値も、鑑定評価をすれば購入当時の1・3倍にはなっているでしょう。多少、コストがかかりますが、実際に鑑定評価を取って銀行に示せば、含み益の証明ができます。銀行内部での格づけも高まり、さらなる好条件で融資の借り換えができるでしょう。また、仮に今売却したとしたら、約4億円のキュッシュが表に出てきます。

このように、毎月400万円の元金返済は、積立貯蓄と同じ意味合いを持っています。7年間で3億3600万円の元金返済は、積立貯蓄なのです。

会社の売上から経費を除いた利益から、これだけの積立貯蓄をするのは大変なことです。繰り返しになりますが、銀行ローンで取得した不動産からの家賃収入を元手に積立貯蓄をしているのです。

ひとまず本社取得は大成功でした。これは、不動産投資におけるリスクマネジメントの勉強をして終わるだけでなく、実際にリスクテイクしたD氏へのご褒美とも言えるでしょう。

「本社ビルのエントランスホールには会社のロゴが目立つ受付コーナーを設け、社員の士気向上につながっています。また、本社ビル内に大ホールを確保し、毎月の全社員による発表会を兼ねた朝礼をそこで行っています。月1回くらいなら外部でレンタル会議室を借り、大ホールのスペースを他に貸すという案もありましたが、うちのようなIT企業にとっては社員こそ最大の資産であり、投資効果は十分です」（D氏）

もともとD氏は社員や取引先のことを優先して考えるなど、利他性が高く、周囲から絶大なる信頼を得ている経営者です。だから業績も拡大中なのでしょう。

その経営において、シンボルとなる本社のオフィスビルを所有していることが、業績向上に一役買っているのは間違いないと思います。

儲かっている会社に保険の節税効果はない

その後もD氏は、会社の内部留保がある程度貯まるたび、その一部を不動産投資に充てていきました。

内部留保の活用法としては一般に、保険の購入もあります。確かに保険の購入（保険料の支払い）は短期的には損金処理されて法人税を減らす効果があるものの、満期になれば保険金の受取りによって利益（益金）が生まれ、法人税が課税されます。

業績好調で利益が出続けている法人にとっては、課税のタイミングを遅らせることができるだけで、節税効果はありません。保険そのものの運用益も少なく、解約のタイミングを間違えると損失も発生します。

保険による法人の節税対策というのは、ある年だけ何か特別な利益が出たものの、翌年以降はまた通常の利益に戻るという場合にのみ効果が期待できるものです。成長が著しく、将来さらなる利益が予想される場合には、ほとんど効果はありません。

そこでD氏は会社の内部留保の一部、あるいは保険の解約金を頭金にして、毎年収益不動産を買い増しすることにしたのです。

具体的に、本社ビル購入後は一棟賃貸マンションを買い増していきました。６年間で買い増した賃貸マンションは８棟になり、中には海外物件も含まれています。

物件を取得するには、初年度にまとまった経費がかかりますが、投資には必要な経費であり、損金に計上することで法人税を抑えることもできます。

こうした不動産投資に振り向けた内部留保は将来、大きく増えて返ってくるので、投資の経費は生きたお金の使い方だと言えます。

このように保険による節税と比べ、本業での投資や不動産投資による節税のほうが、基本的に利益の増加が期待できるのでより優れています。

なお、法人は消費税課税業者です。居住用の収益不動産であっても、物件取得時に払った消費税が還付されたのも大きなメリットでした。

ただ、税制改正によって２０２０年（令和２年）10月１日からは、個人、法人を問わず賃貸住宅の消費税還付はできなくなっています。

負債比率は50~70%が目安

D氏の会社はソフトと人材が資産の事業会社なので、当初のバランスシートを見ると、資産の部と純資産の部の数値がほとんど同じで、負債がありませんでした。

一見、健全経営にも見えますが、資産を十分活かしていないですし、負債を利用したレバレッジも使っていないということになります。

そこで、長期のローン（借入金）で優良な収益不動産を購入すると、バランスシート上、固定資産が増え、資産の部が大きくなります。そして、負債の部、純資産の部とのバランスが良くなり、財務の教科書で見るような貸借対象表になりました。

ただ、あまりに負債の部が増え、負債比率（LTV=Loan to Value）が資産の50%を超えてくると、資産内容に目を配る必要が出てきます。上場リートでは負債比率が50%、私募ファンドでは負債比率が70~80%であることを考えると、事業法人でも最大70%くらいまでに留めておきたいところです。

なお、資産の中身が流動性の高い不動産であれば、売却によって負債比率は一気に下がるので、最大80％くらいまででもよいかもしれません。

そもそも、時間を味方にして長期間で元金を返済して負債を減らしながら、純資産を増やしていくというのが不動産投資の王道です。

そして、成長が止まった企業の株を成長性の高い企業の株に組み換えるように、不動産においても古い資産、郊外の資産を新しい資産、都市中心部への資産に組み換えていくという戦略も必要です。

D氏は今後、負債比率を考慮に入れながら、内部成長性の低い（賃料が上がりにくい、または下がりやすい）不動産を売却し、逆に内部成長性の期待できる地域の比較的新しい収益不動産を購入するなどして、資産の中身を良くしていく予定です。

ケース５

生前贈与による資産管理会社で資産拡大

相続放棄で早めに生前贈与を受けて不動産投資を展開

相続対策は分割→納税→節税の順で考える

最初、関西から相談にいらっしゃったのはＥ氏のお兄さんでした。「父の相続が起きたので、いろいろ相談に乗ってほしい」とのことでした。

父親は相続対策に理解を示さず、結局何もしなかったそうです。どのように相続財産を分けたらよいか、次に想定される母親の相続対策（二次相続対策）をどのようにすればよいか。この２点が主な相談でした。

相続人は母親とＥ氏たち兄弟２人。母親は認知症気味で、財産管理はＥ氏のお兄さんがやっています。お兄さんは関西でサラリーマンを、弟のＥ氏は東京でサラリーマンをしています。

相続対策は基本的に、「分割→納税→節税」の順で考えるフレームワークが有効です。分割については、母親が1／2の配偶者控除を目いっぱい使うことがよいと判断しました。理由は、父親の一次相続における相続税を最小限にしておき、二次相続対策で節税すればよいからです。

こうして、母親は自宅と現金を中心に相続。長男であるE氏のお兄さんは、相続資産のうち稼ぎ頭である地役権の設定された土地を中心に相続、E氏は有価証券と現金を中心に相続することにしました。

その結果、相続税は母親がゼロ、お兄さんとE氏が約3000万円ずつ。納税資金はそれぞれ相続した預貯金などで何とかなりました。

父親の生前に対策をしていれば、相続税をゼロにすることも可能だったでしょうが、今さらどうにもなりません。その分、二次相続対策をしっかりやればよいのです。

むしろ下手な相続対策をしていて、相続税より大きな損失を出しているよりはマシと考えられます。

下手な相続対策とは、例えば賃貸需要のないエリアで建築費の高い鉄筋コンクリートの賃貸マンションをローンで建てたりすることです。

遺産分割協議書はそれぞれ2枚ずつ合計6枚と印鑑証明6枚を用意してもらいました。1枚で済ませるケースもありますが、実務的なことを考えると、3人が同時に複数の名義変更をするときに便利だからです。

また、私は相続対策において、いつも不動産の名義変更を先に済ませ、納税はその後、余裕をもって6カ月前に行うというのがよいとアドバイスしています。ほとんどの相続では、10カ月の期限直前にバタバタして納税することが多く、特例の適用の見落としや名義預金の申告漏れなどにつながりやすいからです。

今回のケースは不動産を売却する必要がなかったのでよかったのですが、不動産を売却して納税するとなると、例えば確定測量がされていないために入札をする期間もなく、相場より安く売らざるを得ないことにもなりかねません。

二次相続対策で考えた資産管理会社への運営委託

次に取り組んだのが、母親の相続に備えた二次相続対策です。これも「分割→納税→節税」のフレームワークに沿って考えます。

分割対策の方針としては、兄弟で公平に2分の1ずつ相続することにしました。実際は兄夫婦が母親の面倒を見つつ実家を承継するため、自宅と不動産を中心に若干の資産を余分に承継します。一方、弟であるE氏は現金を相続する予定です。

こうした方針を踏まえ、納税対策と節税対策に入ります。ここで節税対策がうまくいき、相続税をゼロにすることができれば、納税対策は不要となります。

節税対策の基本は、相続財産の評価を下げることと生前贈与です。このとき、注意が必要なのは、相続財産の資産価値そのものは下げないで評価だけを下げることです。その最も効果的な方法が、優良な収益不動産を取得することです。

母親は認知症気味でありますが、まだ意思能力はあります。そこで考えたのが、母親の名義で収益不動産を取得することでした。

場所は東京です。母親は関西に住んでいますが、今後の資産価値を考えると圧倒的に東京が有利です。極端なことを言うようですが、日本国内の不動産は、東京の不動産とその他の不動産の2種類しかありません。

幸い、東京には次男であるE氏がいます。E氏の現金を足せば、ある程度の規模の物件が買えますし、さらにローンを足せば立派な収益不動産が買えます。

こうして母親が6000万円、次男のE氏が6000万円を出し、そこにローンを6000万円加え、持分は母親とE氏で1／2ずつとしました。

E氏が半分資金を負担するので、相続対策としては半分の効果しかありませんが、E氏の生活設計の足しになりますし、E氏が管理を代行するのでそのようにしました。

ローンの借入れは、自己資金比率が2／3と高いので簡単にOKが出ました。

こうして、母親の持分は1億8000万円の1／2で9000万円です。一方、相続税評価額としては、時価に対して約2／3の評価減なので、母親の持ち分は6000万円となります。ローンの半分3000万円を差し引いて3000万円。9000万円の時価に対して約6000万円の減少となりました。

さらに資産管理会社を設立して、母親の所得の一部をE氏に移していくことにしました。設立した資産管理会社は、E氏が2／3、E氏の奥様が1／3を出資しました。

この資産管理会社が収益不動産を一括で借り上げて、賃貸経営を行います。母親が所得を得て、現金資産が増えては相続税のアップになるからです。管理の手間とリスクに応分の報酬を払い、収益不動産から生まれる母親の所得の一部を移転するというスキームです。

資産管理会社の株式は孫に生前贈与

ただ、これだけでは不十分なので、続いて第2弾の対策を検討しました。

第2弾は翌年に行いましたが、母親の認知症がやや進みはじめており、無理をすれば銀行ローンを借りられないこともありませんが、その場合、銀行から多くの説明と書類を求められます。母親にとってもE氏にとってもストレスが大きいので、負担を軽減できる方法はないものかと考えました。

選択したのは、母親が資産管理会社に出資し、資産管理会社で資産運用するという方法です。同時に、資産管理会社の株価を下げることができれば、そのまま相続税の評価減につながります。株価を下げるには、負債をつくりつつ、会社が保有する資産の評価を下げればよいのです。すなわち借金で優良な収益不動産を購入するのです。

こうして、自己資金6000万円、ローン1・2億円で都内に収益不動産を購入しました。自己資金の6000万円に関しては、母親が資産管理会社に対して出資した資金をそのまま使いました。物件価格は1・8億円、相続税評価額は6000万円で、負債が1・2億円なら株価はゼロになります。

ただし、非上場企業の株式評価にはいわゆる〝3年しばり〟があるので、収益不動産を取得した日から3年を過ぎないと相続税評価で株価を算定できません。収益不動産を取得してから3年以内に相続が発生したら時価評価となり、節税効果は薄くなってしまいます。

実際には、母親も健康を保ち、無事3年を過ぎて4年経ちました。その頃、取得した不動産が1990年（平成2年）築ということもあり、雨漏りの補修や今後の老朽化を考えて売却することにしました。

そして、売却前に母親の持分6000万円相当の株を贈与して、権利関係をシンプルにしておくことにしました。

贈与は法定相続人以外の人にでも自由に好きなだけできるので、実際にはE氏ではなくその子ども（母親の孫）に贈与することにしました。贈与契約書を用意して株主を変更するだけの簡単な作業です。この場合、株価がゼロだったので、贈与税の申告も必要ありませんでした。

これは最初から意図したことではなかったのですが、結果的には母親の資産が無税で孫まで一代飛ばしで贈与できました。現金をそのまま贈与していたならとんでもない税額になったでしょうが、株式の形だったので負担なしで贈与ができたのです。

コロナ禍の中で都内の新築賃貸マンションを購入

資産管理会社が保有していた収益不動産の売却価格は購入価格と同じでした。賃料が下がらない物件だったので高く売れたことと、もともとの購入価格が割安だったこともあって出口は成功でした。

所有した4年間の家賃収入の80%が利益になりました。売却によって、利益の中から支払っていた4年間の元金の返済分がまるまるキャッシュとして手元に戻ってきたのです。この利益確定により、投資としての成功も実感することになりました。

資産管理会社の株式の生前贈与によって、筆頭株主は孫（E氏の子）になりました。しかしながら代表者はE氏のままなので、経営はE氏が行います。

親子関係なので、議決権で揉めることはないと思いましたが、念のために母親が贈与した株は議決権のない株としておきました。議決権のある普通株であれば、孫が親代表者を解任し、役員報酬を独り占めにしようと思えばできないこともないためです。

収益不動産を売却すると、資産管理会社の今期の売上が減ってしまいます。そこで、売却で得たキャッシュを元手にさらなる優良資産を取得することにしました。

法人を設立して4年以上経つので、銀行も実績を評価して新たな融資もしてくれるはずです。売却してローンを返済してしまったので、また新たに借りてもらいたいという意識も働きます。

次の収益不動産は、孫にとっても長く経営できる新築物件を購入することにしました。コロナ騒動のおかげで、安くても早く売りたいという売主が出てきていました。

一般に新築の鉄筋コンクリートマンションの場合、売値ベースで表面利回りが4・0～4・5％くらいです。値引きしても4％後半がせいぜいでしょう。

ところが今回、売り急ぎもあり、表面利回りが5・8％で買えました。現在、入居中の賃料設定もむしろ安めで、入居者が入れ替わる際、8000円程度の値上げができる見込みです。物件規模も2・7億円と大型になりました。法定耐用年数が47年あって、10年後も35年ローンが組めるので、売却がしやすいのもメリットです。

今回、自己資金6000万円、ローン2・1億円ですが、35年ローンでDSCR（返済余裕率）が150％もあり、ローンが焦げつく心配はまったくありません。ローンの元金の返済が、月収の40％しかないからです。

経費率は20%なので、家賃収入の約40%が手元に残る計算です。

「元金は毎月50万円ずつ減っていきます。この分は積立貯蓄です。銀行からの借入れで毎月50万円も積立貯蓄ができるなんて悪いなあという気持ちにもなります。その他、毎月30万円のキャッシュが会社の口座に増えていき、満足しています」（E氏）

今回の資産の組み換えによって、古い郊外の賃貸マンションが、都内中心部に近い大型で新築の一棟賃貸マンションに生まれ変わりました。規模の拡大で利益も増えたし、建物が新しくなって将来価値が増えました。思い切ってリスクテイクしたから、このような美味しいリターンが得られたのです。

本来はお兄さんから相談があって、いろいろ対策を打ってきたのですが、むしろ次男のE氏のほうが資産を増やし、しかもそれが優良資産になりました。

お兄さんも相続した資産を元手に東京で不動産投資を考えたのですが、いかんせん遠隔地のため、銀行の協力がなかなか得られません。

コンサルタントとして、次は母親に「残った全財産を、面倒を見てくれている長男であるお兄さんに相続させる」という遺言書をつくってもらおうかと考えています。E氏は事前に、管理会社の株式の形で贈与を受けているため、了承しやすい話でしょう。

この遺言書を銀行に見せれば、サラリーマンであるお兄さんも銀行から融資が受けやすくなり、不動産投資の幅が広がります。

実は、この本を執筆中に上記の話が兄弟間でまとまりました。遺言書を書くのは実際には大変なので、兄弟間で合意書をつくっておくことにしました。一般的に一次相続は重石となる母親がいるので揉めることは少ないですが、二次相続になるとその重石がなくなるので揉めやすい傾向にあります。これで、E家において相続時の分割問題も予防できました。

相続前に母親の生活のクオリティを確保しながら、母親の財産をあらかじめ贈与するなどして、その資産を生前に活かすことができます。

「相続対策は生存対策である」という筆者の提言が活かされた事案でありました。

ケース 6

事業承継にあたり資産への組み換えを決断

先祖伝来のくびきを絶って立地の資産性にこだわる

財産診断で客観的に資産を把握

地元の銀行の支店長からの紹介で、首都圏近郊で先祖代々の資産を保有するF氏と初めてお会いしたのは6年ほど前のことでした。当時F氏は55歳で、母親（85歳）、奥様、息子3人（18歳、17歳、13歳）の6人家族でした。

祖父と父親の代で農家から不動産賃貸業へ次第に移行し、地元に収益不動産を5件所有されています。不動産賃貸業にある程度目処がついたところで、次の展開をどうすればよいか、一度プロの目で客観的に見てほしいというのがF氏からのご依頼でした。

そこでまず、私の書籍を読んでいただき、当社の方針を理解してもらった上で、初回面談を行いました。初回面談では通常、資産内容や現在の状況を伺い、財産診断を行います。

結果は、固定資産税評価ベースで全体として見たＲＯＡが10％を超えており、大変素晴らしい状態でした。健全な賃貸経営を営んでこられたことがよくわかりました。

ただ、現状は良くても、今後の社会変化に対応するにはどうしたらいいか、次のステップの方向性についてプロの意見をＦ氏は求められていました。

コンサルタントである私から見たＦ氏の課題は、次のような点でした。

・母親の相続が発生した際の納税資金をどうするか
・駐車場として利用している低利用地の有効活用をどうするか
・今後、増える税金をどうするか（減価償却費が減り、金利も少なくなっていくため）
・建物の老朽化に伴う修繕費の増加をどうするか

いずれも急ぎの問題ではないので、顧問契約を結んで1年かけて所有する財産についてＦ氏のご相談に対し、助言・面談を行うことにしました。

数値で実感して低利用地の売却を決断

Ｆ氏が所有しているビルは、ほとんどローコストで建設されており、それがＲＯＡの数字にも反映されていました。所有しているビルは立地がすべて良いので、優良なテナントが入ってくれて、きちんと稼働しています。

ただし、1棟だけ8階建ての複合ビルが１９８０年（昭和55年）築で老朽化が進んでおり、維持管理に費用がかかっていました。

Ｆ氏の一家はもともと農家でしたが、新しい道路が通る際に土地を売却し、その資金を元手に2棟のビルと1棟の倉庫を建設しました。祖父と父親が実質無借金で始められたのが大きな勝因のひとつです。一時期、経営が厳しいときもあったそうですが、バブル前の建築費が安いときに建築していて、ひどい状況にはなっていませんでした。

もちろんビル経営をすることは、資産活用に加えて相続対策としての意味もあります。父親が税理士と戦友で、そのアドバイスを忠実に実行してきたそうです。税理士という専門家のフィルターがあったので、外部からもたらされるさまざまな提案話の本質を掴めたのでしょう。

対策の効果があり、父親の相続はスムーズに済んだそうです。

父親から事業を引き継いだF氏は、曾祖父の代から住んでいる自宅を建て替え、自宅併用のビルを建設しました。賃貸事業がうまく回っているので、余裕を持って建てられたそうです。

ミニ区画整理も実行されています。

「道路が通るときに土地を売却したために分断された地域があり、所有していた土地も細切れになって、暫定的に駐車場にしていました。

その後、地権者約30人でミニ区画整理を行いました。うちの土地は道路付が良く、あえて区画整理に参加しなくてもよかったのですが、地域のためにもなる上、資産価値が上がると判断し、積極的に組合活動に参加しました。

助走期間に1年を取って、地権者間のコミュニケーションも心がけ、全員が納得するまで話し合っていきました。組合を立ち上げて約3年、区画整理のコンサルを中心に、農協や市のサポートも得ながら行っていき、無事に区画整理は完了しました。施工業者もコンペで選び、造成費を安く抑えることができました。同じ地域の人同士なので、協力しやすかったのもよかったです」(F氏)

区画整理に参加した中には、戻ってきた土地を分譲したり、アパートを建設したりする人もいましたが、Ｆ氏は相続税の納税資金用としてそのまま駐車場として暫定利用しておきました。バス便なのに近隣にアパートが増えてきて、この土地でアパート経営は厳しいと感じていたためです。

一部残った畑についても、そのまま相続時まで所有しているだけでなく、何か良い活用があればやりたいという気持ちはずっとあったそうです。

前述のように、当社でのＲＯＡ分析の結果、全体として大変健全な経営がされていた中で、例外的に駐車場と畑はＲＯＡがすべてマイナスとなっており、うまく活用されていないことは明らかでした。もちろん相続税の納税用として所有し続け、相続が発生したら売却して現金化することもひとつの手です。

しかし、このまま所有することは機会損失でもあります。そこで私は、低利用となっている駐車場の資産組み換えを提案しました。Ｆ氏もＲＯＡ分析表を見て、現状を数字で実感されています。もともと何か活用をしたいと考えていた土地です。Ｆ氏はこの提案に賛成してくださいました。

バルク売り作戦で資産をまとめて整理

駐車場以外にも、低利用の土地が3か所ありました。土地の価値・面積はさまざまで、中には建築が不可能で売却が困難な土地もありました。

区画整理地の中にある駐車場は、誰が見ても建売住宅に適していて売却は可能なのですが、道路の付いていない農地や、切れ端の土地は簡単には売れません。不良な土地は相続税評価や固定資産税評価は高いものの、市場価値が低いものです。

そこで4区画まとめてバルク売りをする作戦を立てました。優良な区画整理の中の土地と不良な土地をセット販売することによって、不良な土地も売るという作戦です。

当社で大手と地元の建売業者を20社以上ピックアップして打診し、反応のあった5社で"シールド入札"を行うことにしました。

好反応があったのは、大手パワービルダーと地元の不動産業者です。ほぼ同額の札を入れてくれ、甲乙がつけがたい状況となりました。

この状況をそれぞれ2社に伝え、最終的には地元の不動産業者が1000万円価格を上げて、購入してくれることになりました。

この不動産業者は、収益物件の開発のほか、賃貸・管理、売買、リフォームなど幅広い事業を展開している中で、特に開発に力を入れています。

ちょうどF氏が売却する土地のある地域が、この会社の最重要エリアであり、どうしても欲しい土地だったため、最後に価格を頑張って提示してくれました。地元の名士であるF氏から土地を購入することによって、地元での口コミや良い噂の効果も価格に反映されたようでした。

このように、一般に自宅やマンションを建築するのに向いていない不動産の場合、販売戦略によって大きく価格が変わります。今回は、この販売戦略がうまく当たったケースと言えるでしょう。

駐車場の契約解約、自動販売機の解約、市役所への貸し農地の解除等、売主側が行う条件整備はF氏が自ら行いました。さすが、賃貸事業を長年行ってきており、不動産の勘所を押さえていらっしゃいました。

二転三転した都心の収益不動産への組み換え

土地の売却は無事に済みました。売却代金をそのまま保有していても利息が少ししかつかず、機会損失となります。

F氏はこの点をよく理解されており、すぐに収益不動産を購入することにしました。当初の計画は、売却額と同額の融資を受け、2倍のレバレッジをかけるというものでした。

問題は物件探しです。最初、錦糸町の一棟マンションを検討しました。それは1階に店舗があって、2階以上にマンション14戸という物件でした。価格は約2億5000万円、ネット利回り5・7％でした。

購入の意思を固めて買付証明書（この価格なら買うという内容の書面）を提出しましたが、銀行の融資が下りるのに時間がかかり、別の買い手に渡ってしまいました。後で聞くと、その差はほんの数時間でした。F氏は収益不動産の売買スピードに驚かれたようでした。

次は、銀座の事務所ビルを検討しました。約2億4千万円です。利回りは低いのですが、銀座という立地ブランドがポイントです。

6階建で1～4階に事務所5室、最上階の5・6階が居宅です。オーナーは80代の女性で、1階事務所と5・6階の居宅部分を使用しています。明け渡しの日程は相談して決めることにしました。購入の意思を固め、購入条件を当社と売主側の仲介業者とで詰めることにしました。

ところが、条件を詰めていくうち、売主側は引っ越し先が見つからないので引き渡し日もわからないと言い出したのです。これでは話になりません。オーナーの引っ越し先が見つかるまでリースバックをしたらどうかと提案しましたが、「何で自分のビルで家賃を支払うのでしょうか？」と疑問を持たれたようで話が進みません。

購入後すぐにローンの支払いが始まるのに、売主の明け渡し時期が明確にならず、家賃が入るのが半年後とか1年後になるのは、買主にとって大きな機会損失です。

この一点だけをもってしても、この物件を購入するということは見送るのが正解でした。また、建物の老朽化が進んでおり、リニューアル工事の概算見積りを出してもらったところ、4000万円程度かかるとわかったことも、購入を見送った一因です。

リニューアルの企画を立て、概算見積りまで出してくれた地元の大手ビル管理会社の皆さんには余分な仕事をさせ、申し訳ないことになりました。

その後、神楽坂の一棟マンションをご紹介しました。価格は約3億3000万円で、店舗と1DK・2DKが12戸です。年間2000万円程度の家賃が見込めます。

F氏はすぐに見学に行き、購入の意思を固めました。売主は、錦糸町のビルを紹介してくれた不動産会社です。以前、少しの差でF氏が購入できなかったこともあり、優先的に考えてくれたようです。担当者もしっかりしており、1カ月程度で契約から決済までスムーズに進みました。

3件の収益不動産を検討しましたが、最後の神楽坂のビルが一番バランスが良いという感想をF氏は持たれました。

「錦糸町の物件はペンシルビルで、床面積の割に維持管理費がかかります。長年、自分で不動産管理業に携わっているのですぐわかりました。ただ、収益不動産の取引のスピード感には驚きました。そういう世界があるんだということを生身で感じました。

また、銀座のビルには、契約条件が見えないリスクがありました。売主が素人の方だったので、その点でも取引の苦労が予想されました。老朽化した建物のリニューアルが今後、必要と思われましたが、それも読めません。通常、リスクがある分、価格に反映されて安くなるものですが、見えないリスクが価格に見合うかどうかが読めないので諦めて正解でした。

最後の神楽坂のビルは、エレベーターがなく、設備も小ぶりで維持管理費を抑えつつ、人気地区なので入居付けの心配が少ない物件です。購入価格に占める土地の比率が高いので、資産価値が下がりにくいのもポイントでした。

今後、資産家が好むエリアの不動産価格はさらに上がっていく傾向があるので、長く所有してもよいと考えています」（F氏）

融資については、10年固定で金利1％前半という驚異的な低金利で組むことができました。時代のタイミングを見て、低金利時代に投資を行うのは、得策と言えるでしょう。アベノミクスの金融緩和のおかげか、長期金利が下がっている時期でタイミングも抜群でした。

結局、駐車場と畑については、資産総額は約1億8300万円ながら、年間収支は約100万円の赤字で、ROAはマイナス約0・5％でした。

これを一棟マンションに組み換えたことによって、資産総額は3億3000万円、年間収支は1800万円、ROAは約5・4％に改善しました。

最初に挙げた相続税対策・所得税対策・修繕費といった課題は、いずれも低利用だった駐車場や農地を都心の一棟マンションに組み換えることで、キャッシュフローを改善し、金融資産を増やすことによって解決することができました。

3K（決意・期限・基準）が意思決定のポイント

収益不動産を購入しようとしても、意思決定に時間がかかることがあります。すでに不動産投資に慣れていらっしゃる方は意思決定が早いですが、慣れていないといろいろなことを考えすぎて時間が経ち、良い物件ほどライバルも多く、購入できないことになりがちです。

F氏の場合、3度目の正直で良い物件を購入できました。最初の錦糸町の物件をタッチの差で購入できず、「不動産投資ではスピードが大切」ということを身をもって学んだことも良かったようです。

収益不動産の購入を決断するポイントは、マイホームの購入とは違います。100点満点を求めるより、「自分で設定した基準を満たしていたらOK」という感じで決めないと、市場のスピード感についていけません。

私が考える収益不動産の購入における意思決定のポイントは、次の3つの〝K〟です。

・決意（購入するという意思）
・期限（いつまでに購入するか）
・基準（地域、価格、利回り、交通利便性、築年数など）

これらのうち一番大切なのは、3つめの「基準」、すなわちモノサシを持つということです。基準がないまま収益不動産を探している人は、いつまでたっても決めることができません。

基準にかなうかどうかは消去法でよいのですが、基準をクリアする物件と出会い、決めるという段階ではスピード感が求められます。あらかじめ基準を決め、それを守ることが何よりも大切なのです。

ただ、ご自身の投資の基準を持つには、かなりの経験と場数を踏む必要があります。最初はどうしても、物件の欠点ばかりが目につきます。しかし、不動産投資では「美点凝視」が不可欠です。圧倒的な特徴や利点があれば、細かい欠点には目をつぶるのです。

次の代への事業承継を見据えて

何代も前から不動産業を行ってきた大地主の方は別ですが、戦後に不動産賃貸業を始めたような場合、60〜70代の2代目が主役になってきています。経済が右肩上がりの中で初代がそれなり進めてきた収益不動産の賃貸経営を、時代が変わったこれからも切り盛りしていかなければなりません。

一方、2代目の多くは大学まで進み、企業などに勤めて世間に揉まれたり、社会勉強をしたりしていらっしゃいます。経営者の視点をしっかり持っているような方も少なくありません。

そのような2代目経営者の皆さんには、税理士やコンサルタントなども昔ながらの地縁・血縁による営業では通用しません。道理が通ったサポートが求められます。

2代目経営者のニーズは、次のようなものでしょう。

・しっかりと納得して進めたい
・不透明な状況を明確にしてほしい

・数々の選択肢を提示してほしい
・理由を明確に説明してほしい

キーワードは法人の徹底利用です。法人に寿命はなく、永続すること（ゴーイング・コンサーン）が大前提です。最高税率は個人より低く、損益通算も自由自在です。相続税の評価においても、不動産そのものより法人の株式のほうが有利な点がいろいろあります。

F氏ももちろん、法人の活用を積極的に行っています。今回は個人の資産を売却し、その資金を法人に貸し付け、さらに法人がレバレッジをかけて収益不動産を購入しています。

次のステップは銀座のビル購入

F氏は不動産投資の経験を積み、計画と実績にほとんど差異がないことを確認の上、次の収益不動産を購入する準備に入ることにしました。２０１６年（平成28年）のことです。

「どうせ購入するなら、資産価値が下がらない、できればこれからも上がる収益不動産を購入したい」と考えていらっしゃいました。

そんなとき、当社に入ってきたのは銀座1丁目のビルの情報です。当社から徒歩2分ほどの見慣れた光景のビルでした。平成初期に建てられた鉄骨オフィス&店舗ビルで、土地価格4億円、建物価格1・5億円です。利回りは表面で5・0%あります。

この物件をF氏は、自己資金1・5億円と25年ローン4億円を借りて購入することにしました。家賃収入から経費を除き、ローンの元利金を返済すると手元にキャッシュはほとんど残りませんが、元金がどんどん減っていきます。

F氏の素晴らしいところは、堅実であることです。ある程度、既存の無借金のビル経営で自己資金を貯め、それから価値の下がりにくい、さらに言えば上がっていく、高額でも希少性の高い不動産を購入するのです。

2021年（令和3年）の段階では、表面利回り3・5%でも売却可能であると思われ、テナントが入れ替わる度に賃料も上がっているので、8億円以上で売却できるでしょう。

キャッシュフローはそれほど出ていませんが、資産価値の上昇が大きいということは、毎月のキャッシュフロー以上のインパクトを持っています。

地方や郊外で高利回りの収益不動産を取得する人もいますが、入居者が入れ替わる度に賃料が下がっていくプレッシャー、土地価格が下がっていくプッシャー、修繕費がかかるプレッ

［図表20］F氏が売却した土地と購入した土地の路線価推移

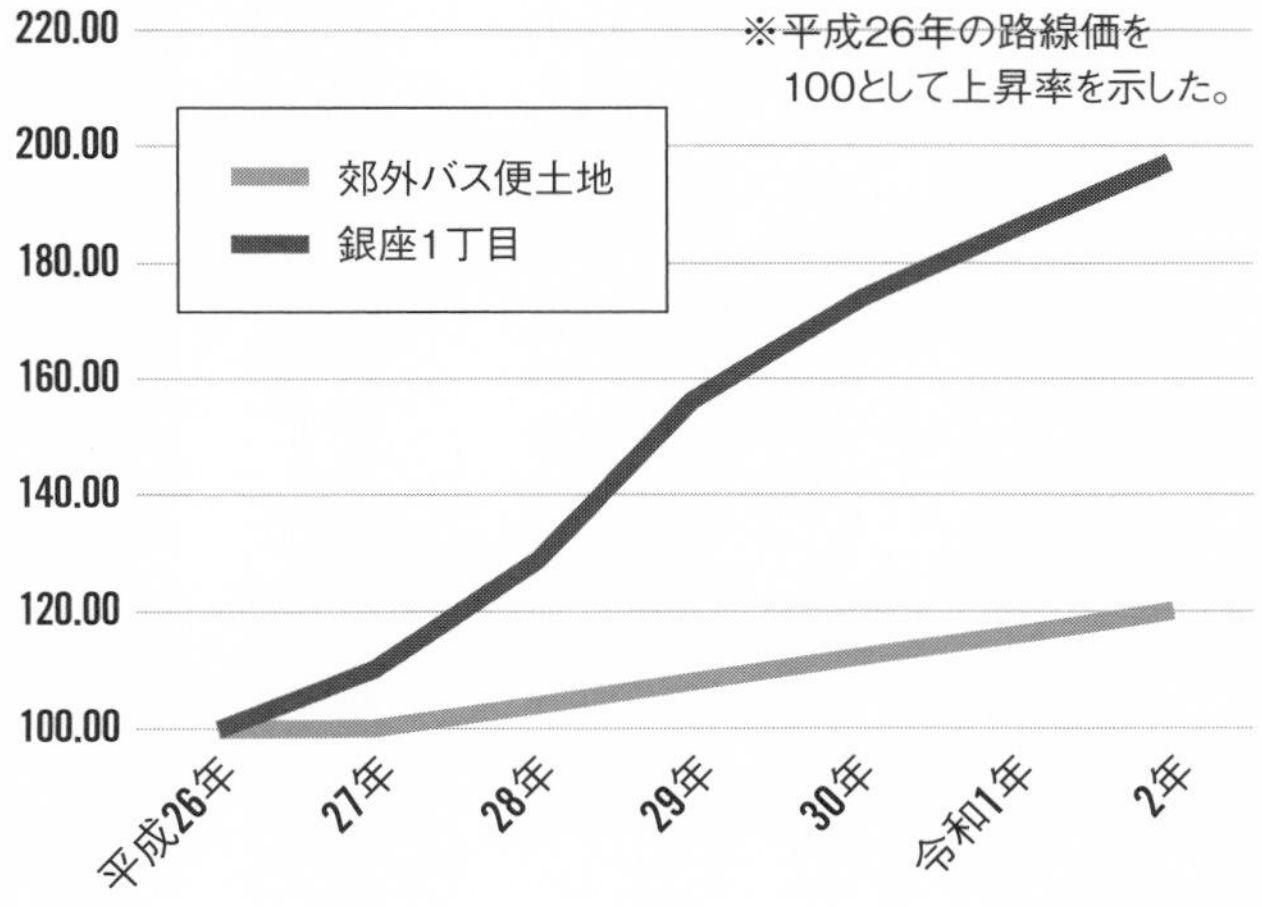

※平成26年の路線価を
100として上昇率を示した。

シャーは健康に良くありません。

ここで、F氏が購入した銀座の土地と、売却した郊外バス便立地の土地の路線価の推移を見ておきましょう（図表20）。

なんと購入した銀座の土地はこの6年で1・97倍になっています。路線価は、実勢価格と比べて都心では控えめに出るので、実際には価格の伸びはもっと大きいでしょう。一方、売却した郊外バス便立地の土地の路線価はほとんど変化がありません。

やはり、銀座という限られた地域（リミテッドのある土地）は強いです。あのときの決断が大きな差となっていることは間違いありません。

その後、F氏には母親の相続が起きました。資産管理会社に事前にある程度、資産が移されていた上、資産管理会社の株価は借入金があるためゼロです。相続税の課税対象は母親の固有の相続財産だけなので、それほど大きな金額ではありません。それでもいくばくかの相続税を支払い、母親の資産もF氏が相続しました。

しかし、自分の財産になったからといって、何かをすぐするということでもありません。やはり、持っている資産でキャッシュを貯めることです。一部は修繕費などの費用の積み立てとして、一部は次の投資のための頭金の準備のために、です。

F氏はこのように、時間を味方にして得たキャッシュで資産の拡大を図ります。

2021年（令和3年）現在、銀座のビルを取得してから、6年以上経ちました。相続税の支払いも終わり、ある程度のキャッシュが貯まったので、次の投資です。

「銀座のようなビルはなかなか買えないでしょうが、また価値の高い優良資産を取得していこうと考えています。

同時に、長男にはメインの資産管理会社の経営を少しずつ任せ、次男と三男には別途、資産管理会社を設立し、小規模の収益不動産を取得する予定です。そして、事業承継の良いタイミングを見計らい、資産管理会社の株式を贈与していくプランを持っています。

最近になって、経営とは人間性だと実感しています。私自身も父との日常の会話が、今思うと、すごく勉強になりました。父にしてもらったことを子どもたちにつなげていければ幸せですね」（F氏）

計画的に家族全体の資産設計と事業承継を考え、熟考の上、これだと決めたら行動に移せるF氏は、数少ない地主系の資産経営者と言えます。

第3部

不動産投資の本質に迫るビリオネアとのQ&A

第3部では、私が長年、資産家の皆さんと
やり取りする中で寄せられた質問のうち、
特に重要なものを取り上げ、Q&A形式でお答えします。
ほとんどは実際に助言し、実行していただいたことや、
私自身が投資家として体験したことです。
つまり、机上の空論ではなく、考えに考え抜いて実践し、
検証されたことばかりです。命の次に大切な資産について、
重大な意思決定に至るプロセスを学ぶには、
最適だと確信しています。

第1章

不動産に投資をするのはイメージが悪いことなのか

不動産投資の本質は人助けにあると心しておこう

Q1 世間では投資というものに対し、不労所得といったネガティブなイメージがあることが心配です。

A そもそも投資とは、「人助け」です。逆に言うと、「人助け」という意識が前提にないと失敗します。

一番わかりやすいのが、企業の新規投資ではないでしょうか。世の中に求められる新しいモノやサービスを供給するためにはお金が必要です。資金調達の方法は融資と出資のどちらかです。銀行は担保や実績がなければ融資しません。そのとき、リスクテイクしてお金を出す人が投資家であり、出資という形で資金を提供します。その結果、世の中に求められる新しいモノやサービスが供給され、生活が便利になったり、楽しくなったり、幸せになったりします。これは、「人助け」ですよね。

不動産投資も同じです。多くの入居者は賃貸住宅の質が悪いとか、場所が不便だとか、家賃が割高だといった不満を持っています。たとえ人口減少時代で空き家が増えたとしても、このような不満は収まりません。そのような入居者に対し、品質が良くて、場所が良くて、割安な賃貸住宅を供給することは「人助け」にほかなりません。

不動産投資を成功させようと思ったら、入居者に支持され、家賃が入り続けなければなりません。入居者に支持されると、空室は少なく、家賃は下がらず、物件の価値が下がりません。一方、入居者に支持されなければ、空室が増え、家賃が下がり、物件の価値は下がり、悪循環となります。

不労所得かどうかを気にする前に、「人助け」という意識がまず前提としてなければ、不動産投資は失敗するでしょう。

Q2

「人助け」をするとは、自分が犠牲になるということですか？

A

そうではありません。入居者が満足し、適正家賃を払い続けてくれたら、オーナーもハッピーです。

もちろん、過剰品質で賃料設定を安くしすぎたボランティアではいけません。自分を犠牲にして、自分が先に倒れてしまっては、「人助け」どころではありません。そのためには、入居者が満足し、納得して払っていただける〝最も高い賃料〟を堂々といただいてください。

Q3

どのような人を助ければよいのでしょうか？

A　これはとても重要な質問です。あなたの投資がどうなるかは、ここの考え方で決まってしまいます。

賃貸住宅に対するニーズは大きく３つに分けられます。それは、立地、スペック、家賃です。この中で変えられないのは立地です。スペックと家賃は、任意に変えることが可能です。立地に対するニーズは最強で、希望する立地で賃貸住宅を提供することが最も感謝される「人助け」です。

地主さんの有効活用では立地が決まっているので、スペックと家賃のみを検討されることが普通ですが、それでは最も大切な立地が無視されることになります。

よって、私は以前から地主さんに対して、もしも自分が所有する土地を最有効利用してくれる人が別にいるのなら、その人に土地を売って、その代金で立地を買いなさいと言い続けてきました。

Q4

求める立地は人それぞれではないでしょうか?

A

その通りです。それでも欠かせない大事な要素があるので、ぜひとも理解して役立ててください。

人によって地縁、血縁、交友関係、勤務先、学校、娯楽の場所などは異なり、求める立地も違います。エリアそれぞれで好まれる立地も違うでしょう。

ただ、不動産投資において立地を検討する際に欠かせないのは、これからも人が集まる場所なのか、人が減少していく場所なのかという点です。

東京で言えば、都心3区（千代田区、中央区、港区）とその周辺の区や複数路線が交わるターミナル駅となっている交通利便性の高い場所こそ、これからも多くの人が集まり、求められる立地ではないでしょうか。

昔も今もこれからも、賃貸住宅へのニーズで一番重要なのは立地です。

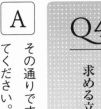

Q5 物件スペックについてはどう考えますか？

A 家賃との兼ね合いなので一概に判断できませんが、設備については入居者が求めるレベルが上がってきています。

物件スペックとは、間取りや広さ、日当たり、設備、築年数、構造などを言います。もちろん、部屋数が多く、室内は広く、日当たりが良く、設備はフルスペック、築浅で鉄筋コンクリートが人気ですが、そのような賃貸住宅は当然、家賃が高くなります。物件スペックは家賃との兼ね合いなので、一概に判断できません。

ただ、年々設備は良くなってきており、無料Wi-Fiなどは当たり前になっています。古い設備は敬遠されがちなので、新築やリノベーションされたものが望ましいですし、音の問題を考慮すれば鉄筋コンクリートが望ましいのは言うまでもありません。

Q6 家賃設定はどのように考えますか？

A 「値付けは経営」と言われるように、価値に見合った価格設定を戦略的に考えることが大切です。

まず、入助けしたい入居者から見た価値を正しく見極めて、募集図面等に反映させることが前提です。

ところが意外に、不動産管理会社や賃貸斡旋会社の多くは、近隣との比較だけで募集賃料を査定することが多く、物件それぞれの価値の違いがあまり反映されていません。

そのため家賃には歪みがあり、割安なものもあれば割高なものもあります。入居者はいろいろ見比べて部屋を決めるので、オーナーとしては戦略的な家賃設定を考えるべきでしょう。

例えば、新築の大型賃貸マンションであれば当初、どちらかと言えば自分が思っている家賃よりやや低めに設定し、短期間で満室にして「あのマンションは良い」という評判を得て、その後に入居者が入れ替わる都度、少しずつ家賃を上げていくのがうまいやり方ではないかと思います。

Q7 「入居者思い」が大切なことがわかりました。でも、それだけでは儲からないような気がするのですが……？

A

その通りです。投資家も儲かり、入居者も満足するといったＷｉｎ－Ｗｉｎの関係が必要です。ただのボランティアでは、投資家が潰れておしまいです。

過剰サービスをして、投資家が一方的に損をしてはいけませんし、その逆で価値に見合わない家賃で入居者に損をさせると、長期的に見れば入居者に逃げられてしまいます。

賃貸経営は、オーナーと入居者のどちらかが得をすれば、どちらかが損をするというようなゼロサムゲームのような考えではうまくいきません。知恵を使って、入居者に満足してもらいつつ、適正な家賃を継続的に払っていただけるように工夫する必要があります。

Q8

具体的に言うと、どんなことですか？

A

第1部でも挙げましたが、東京都心のIT企業に勤める若者向けの賃貸住宅を例に考えてみましょう。

賃貸住宅へのニーズで一番重要なのは立地だというのは前に申し上げた通りです。東京都心のIT企業に勤める若者なら、ドア・ツー・ドアで勤務先まで30分、乗車時間が20分以内の立地に価値を感じるはずです。

次に、給料は月30万円くらいの手取りがあると仮定し、その1／3くらいを住居費用に充てられるとすると、家賃は月10万円前後となります。

部屋の広さは25～30㎡くらいだと快適ではありますが、都心まで30分以内で月10万円の賃料では、投資家のほうに儲けが出ません。一方、ビジネスホテルのような10～15㎡にすれば賃料が月10万円でも十分儲かるでしょうが、今度は入居者の支持が得られないでしょう。

そこで、中間の20㎡くらいの広さで家賃は月10万円に抑え、設備はフルスペックにするというのであればいかがでしょうか。入居者も満足し、投資家も採算に合うというＷｉｎ－Ｗｉｎの関係が生まれると思います。なお、自治体によってはワンルームに対して一定の規制を設けていることがあるので、部屋の広さを自分の好きなようにすることができないかもしれませんが、そこは規制の範囲内で、知恵を使ったプランを考えるのです。

Q9

その他の例も教えてください。

A

わかりました。いろいろなことが考えられますが、ここでは家賃重視の入居者向けの例を紹介しましょう。

手取りが毎月20万円以下の、主にサービス業従事者向けの賃貸住宅を考えてみましょう。

こうした入居者のニーズは、家賃が月５～７万円です。賃貸住宅としては最もニーズの多いボリュームゾーンと言えます。

繰り返しになりますが、賃貸住宅へのニーズで第一に重要なのは立地なので、そこは妥協しません。

ただ、都心3区とその周辺では無理なので、北千住や練馬、蒲田などのターミナル駅から10分以内の立地を選定します。

部屋の広さは優先順位が下がるので、15㎡でも良しとします。建物の構造も、鉄筋コンクリートが理想ですが、採算が合わないので木造にします。しかしながら、音の問題や断熱性の問題があるので、木造といっても石膏ボードを多く使った耐火構造の木造にします。

設備はフルスペックにしたいところですが、多少の省略はやむを得ません。

このような選択により、入居者も良し、投資家も良しというWin-Winの関係を成立させることができます。

第2章 リスクマネジメントはどのようにすればよいか

リスクとリターンの関係をしっかり理解しよう

Q10

投資は人助けであり、入居者目線の賃貸経営が大切なのはわかりましたが、投資というとどうしてもリスクのことを考えて躊躇してしまいます。

A

投資にはリスクがつきものです。リスクがあるからリターンが得られます。大事なことは、リスクテイクの勇気とリスクマネジメントのスキルです。

世の中何でもそうですが、「リスクなくしてリターンなし」です。

基本的には、ハイリスク・ハイリターンかローリスク・ローリターンです。時には、ハイリスク・ローリターンもあります。ただし、ローリスクでハイリターンというような虫の良い話はめったにありません。

大事なことは、リスクを取ること（リスクテイク）とリスクを管理すること（リスクマネジメント）、この2つです。

何度も言いますが、リスクを取らなければリターンはありません。そもそもリスクを取りたくないなら、投資をするべきではありません。

やみくもにリスクを取れと言っているのではありません。リターンを得ようと思えば、必然的に一定のリスクは伴うので、そのリスクが現実化しないようにしておこうということです。また、リスクが発生したとしても、リターンの範囲内でリスクを取るということです。

Q11

理屈としてはわかる気がしますが、もっと具体的な話でお願いします。

A 賃貸経営における最大のリスクは、時間の長さによって起こり得る物件価値の下落という問題です。

立地、スペック、家賃に大きな間違いがなければ、賃貸経営の売上と経費はほぼ読めます。東京圏での新築賃貸マンションの経費率は約20％なので、家賃の80％は利益となります。数字を見る限り、これは極めて安定した事業です。

この利益の蓄積で投下資本を回収していきます。ネット利回りが年４％の場合、25年間で投下資本が回収できることになります（４％×25年＝１００％）。

リスクは、この25年という時間の長さです。この間に、物件のあるエリアが不人気となって家賃が下がったり、建物の老朽化で修繕費がかさんだりすることにより、物件の資産価値が下がることが最大のリスクです。

時間を味方にすることによって利益が生まれるのが賃貸経営ですが、時間によってリスクも生まれるのです。

Q12

価値の下落がリスクということは何となくわかりましたが、もう少し詳しく教えてください。

A 価値の下落というリスクの中で、典型的でイメージしやすいものは、建物の劣化と賃料の下落でしょう。

例えば、バブル景気の頃に建てられた賃貸マンションは今、築30年を超えます。そのくらいになると、いろいろなところで建物のボロが表に出てきます。

排水管が劣化し、水漏れでも起きたら目も当てられません。外壁も劣化し、補修と防水をするとすれば、足場の設置も必要で膨大な費用が発生します。電気を引き込むキュービクル（高圧受電設備）や給水用の増圧ポンプ、エレベーターなどの寿命が来て交換せざるを得ないということもあります。

このような工事が発生すれば、1年間の利益など軽く吹っ飛んでしまうことになります。また、室内の設備も古臭くて入居者の支持を得られなくなり、空室率が増えたり、家賃が低下したりします。

よって、このような物件を売却するには、それなりの利回りが要求されます。ハイリスク・ハイリターンです。

ただし、建物の劣化や賃料の低下が起こるのかどうか、また起こるとしてどの程度かを前もって正確に知ることは無理です。そのときになって初めてわかるので、リスクというのです。リスクが起きなければ、その分はリターンとなります。

また、将来、売却する際の出口リスクを考えてみましょう。買ったときは20年くらいのローンが組めたとしても、仮に10年後に売却するとなると、買い手は10年くらいしかローンが組めません。

そうなると利回りで魅力を出さなければならなくなり、安く売らざるを得ません。法定耐用年数の減少による資産価値の低下リスクをもろにかぶることになります。

こうしたリスクを避けるには、購入時において修繕費や耐用年数の減少による価値低下を計算に入れておく必要があります。もちろん、将来のことは予想が難しく、リスクに見合うだけの十分なリターンが得られる価格なら買う、というスタンスが必要です。

ちなみに、不動産投資においては、将来の不確定要素を「リスク」と呼び、国債など安全資産の利回りにその分のリスクプレミアムを上乗せした「期待利回り」（108ページ参照）によって価格の妥当性を判断します。

Q13

ハイリスク・ハイリターンの意味合いが何となくわかったような気がしますが、まだ腹落ちしません。具体的にリスクマネジメントとはどんなことをするのでしょうか？

A

価値下落が最大のリスクとお話しました。ならば、価値の落ちにくい収益不動産は何かと考えてみてください。

わかりやすいのは、地価が上がっていく立地の物件です。相続税路線価の推移を見れば、エリアによってさまざまで、今のところ、都心に近ければ近いほど地価の上昇率が高いのは明らかです。

次に、家賃が上げられるかどうかです。家賃の上限額がほぼ決まっているような地域ではアップサイドが望めません。

また、賃貸住宅の供給が急速に増えていきそうな地域も競争が激しくなり、賃料アップは見込めません。

例えば、小規模な店舗や事務所、倉庫や作業場などが密集していて、廃業が増えているエリアがそうです。近隣商業地域や準工業地域などの容積率が大きいエリアは、特に供給が増えやすい傾向にあります。

逆に、現在の家賃が近隣と比較して低い収益不動産を購入すれば、入居者が入れ替わる都度、上げていくことが可能です。

長く持ちすぎない、ということもリスクマネジメントのひとつです。例えば、新築一棟賃貸マンションを購入し、10年後に売却するのです。

このやり方が理にかなっている点は、まず大規模修繕の前ということです。設備も古臭くなっていません。入居者の入れ替えは2～3回くらいでしょう。家賃が下落する心配も少なく、当初の設定によってはむしろ値上げすることもあり得ます。

居住用のRC建物は法定耐用年数が47年なので、10年後でもまだ35年返済でローンを組むことができます。それだけ買い手を見つけやすく、売却しやすいと言えます。しかも、ネット利益が年4％であれば、10年間で投下資金の40％は回収できていることになります。

そう考えれば、購入時の60％の価格でしか売れなくとも、税別で考えれば損失はなかったことになります。新築から10年後であれば、買った価格で売れる可能性は十分にありますし、買った価格以上で売れることもあるでしょう。不動産投資ファンドやリートは基本的にこの考え方をしています。

ただし、このような物件は人気が高く、利回りは低くなります。ですが一方では、資産価値下落のリスクが低いので、出口を含めて考えれば、結果的にハイリターンになっていたということになります。

いずれにせよ、答えが出るのは先の話です。未来のことは誰にもわかりません。答えのあることを学ぶ学校の勉強と投資とでは、根本的に違うのです。

第3章

「投資家脳」になるにはどうすればよいか

出口とB／Sとアセットマネジメントを意識しよう

Q14

子どもの頃から、借金だけはするなとか、借金は家の恥だと教わってきました。現金で不動産投資をするのが正しいのでしょうか？

A

自己資金で投資しても借金で投資しても、利回りそのものが変わるものではありませんし、相続対策の節税効果も変わるわけではありません。ですから、投資の本質を理解し、「投資脳」を身につけましょう。

借金によって変わるのは、リターンのスピードです。第1部のＩＲＲの説明で触れたように（81ページ参照）、借金によるレバレッジでリターンを得るスピードが大きく変わってきます。

投資の成功とは、投下した自己資本が一定期間でどれだけ増えたか減ったかということで決まります。レバレッジをかけると投資金額が大きくなり、リターンもその分、大きくなることが期待でき、投下資本に対する利益率が高くなるのです。

不動産投資においては、借金によるレバレッジを使わない手はありません。

Q15 レバレッジを使った不動産投資では、投資家も銀行も資金の出し手ですが、どこが違うのでしょうか？

A

不動産投資を行うのはあくまで投資家です。投資家は自己資金を出し、また銀行からローンを借りて収益不動産を取得します。そして、賃料収入からローンの返済を行います。投資家と銀行ではリスクの取り方が違いますが、基本的にはＷｉｎ－Ｗｉｎの関係にあります。

賃貸経営を行うと、投資家は収益不動産から賃料を得るとともに、そこから銀行にローンの利息と元金を返済していきます。投資家は収益を得て、銀行は金利を得ることでWin－Winの関係です。

投資家と銀行の違いは、リスクの取り方です。投資家は失敗すれば、自己資金をすべて失うリスクがあります。資産管理会社で不動産投資を行い、資産管理会社に対して個人保証をしていれば、他の資産を失うことになるかもしれません。銀行は融資した投資家が債務不履行になったとき、融資を回収できないかもしれないリスクがあります。ただ、銀行は担保を取っている分、リスクは投資家より低いと言えるでしょう。よって、リターンはリスクの高い投資家が先に取り、リスクの低い銀行は金利のみの利益となります。

ちなみに、フルローンで収益不動産を取得し、ネット利回り4％、金利1％なら、投資家が3％の利益となります。4分の3は投資家の利益、4分の1は銀行の利益です。

また、金利が2％となれば、投資家の利益は2分の1、銀行の利益も2分の1となります。銀行にすれば、融資先がきちんと返済してくれる確率が低ければ低いほどリスクが高くなり、その分、融資の金利も高くすることになります。

もう一度、整理してみましょう。

投資家と銀行は、両者とも不動産投資においてはリスクテイクしていますが、リスクマネジメントの違いがあります。投資家は賃料や稼働率、経費率をマネジメントして、毎月の収益と物件価値を落とさないようにリスクマネジメントします。一方、銀行のリスクマネジメントは、融資先についての与信審査と担保の確保です。日本の銀行はどちらかと言うと、担保に偏りすぎている感じはありますが、逆に担保さえ入れれば融資を受けやすく、投資家としては不動産投資においてハイレバレッジがかけられるという利点にもなります。

Q16

不動産投資における利益とは、通帳に貯まるお金のことですか？

A　不動産投資の利益と実際に手元に残るキャッシュフローとは、まったくの別物だと考えてください。

多くの日本人の感覚として、通帳にお金が貯まっていくと利益が出ている気になりますが、そこはまったく違います。

「利益」とは、売上から経費を差し引いた会計上（不動産所得の計算上）の数字です。利益の中から一部はローンの元金返済に回り、一部は通帳に残ります。標準的な東京の収益不動産の経費率は20％くらいなので、利益は家賃の80％です。

「キャッシュフロー」は実際に手元に残るお金のことです。家賃から経費（ローンの金利を含む）を支払い、ローンの元金も返済した残りが税引き前のキャッシュフローです。ここからさらに税金を支払った残りが純然たるキャッシュフローで、通帳に残るお金です。

Q17

ところで、ローンの返済のうち、金利分と元金分はどう違うのでしょうか？

A

いずれも家賃収入からキャッシュが出ていきますが、金利分は不動産所得の計算において、「経費」となります。一方、元金分は借入残高の減少につながるものの、不動産所得の計算には関係ありません。借入残高の減少は積立貯蓄と同じようなもので、売却時にまとめてキャッシュとして戻ってきます。

ここは大変重要なところなので、ゆっくり読んでください。

不動産投資においては、会計上の数字と実際に通帳に記載される数字は違います。

会計上の数字とは、不動産所得についての計算における数字で、税金の計算にも連動します。基本的に、「売上（収入）」から「経費」を差し引いて「利益」を求めます。「売上（収入）」は毎月の賃料です。「経費」には、管理会社に支払う管理費や保険料、修繕費のほか、ローンの金利分（利息）、そして建物や設備の減価償却費が含まれます。

これに対し、実際に通帳に記載される数字は、手元に残る純然たる現金(キャッシュフロー)です。投資家が自由に使えるお金です。

会計上の数字（利益）と通帳に記載される数字（キャッシュフロー）の違いは、大まかに言って2点あります。

ひとつは建物等の減価償却費です。ここでは詳しく触れませんが、減価償却費は収益不動産を取得した際に支出した建物や設備の価格（コスト）を、一定期間（耐用年数）に分割して「経費」とするものです。

1年目にまとめて支出した金額を、後から何年かに分けて計算上、経費とするもので、2年目以降は実際のキャッシュの流出はありません。

もうひとつはローンの返済における元金分です。元金分は、毎年の不動産所得の計算において「経費」には含まれませんが、キャッシュとしては出ていきます。

キャッシュとして出ていった元金分は、収益不動産を取得する際に借りたローンの借入残高の減少に回ります。借入残高の返済（減少）が進んでいき、例えば借入残高が半分になったときに物件を売却すれば、売却代金から金融機関に返済するのは、当初借りた半分だけということになります。

もし、取得時の価格と売却時の価格が同じであれば、それまで返済した元金分（当初借入の半分）は、手元にまるまるキャッシュとして残ります（諸経費等は省略）。

これは、何年にもわたってコツコツ続けてきた積立貯蓄を解約し、払い戻しを受けたのと同じような感じではないでしょうか。

積立貯蓄は時間を味方にした資産形成法と言われますが、不動産投資におけるローンの元金返済もまさに時間を味方にした資産形成法なのです。

Q18 ローンで積立貯蓄を行うということですか？

A はい、その通りです。ローンの元金返済は借主である投資家が行いますが、返済に充てるキャッシュは元はと言えば家賃収入です。アパートや賃貸マンションの入居者に積み立ててもらっているのと同じことです。

通常の積立貯蓄は、投資信託や保険、定期預金を利用したものです。自分の給料から税金や社会保険料を支払い、残ったキャッシュの一部を自動天引きなどによって積み立てていきます。買いたいものを我慢することも普通です。

ところが、不動産投資における積立貯蓄というのは、銀行からまずまとまった金額のローンを借り、その元金分を少しずつ返済していくという形で行っています。元金返済に充てるキャッシュは家賃収入から出ているので、わかりやすく言えば入居者に積み立てていただいているのと同じことです。

この事実は、何度説明してもわかってくれない方が多いのですが、事実は事実です。私は不動産投資の基本は積立貯蓄だと思っているので、ＦＸや株の短期トレードは行いません。正確に言うと、やってはみたものの損ばかり出していて、素人の大半は儲からないという経験をさせてもらったということです。

不動産投資以外で私が行っている積立貯蓄は、外資系のアクティブ積立保険、日系のアクティブ積立投信、積立定期預金、小規模共済保険、倒産防止共済、リートの半年複利運用です。積立貯蓄は毎月、確実に残高が膨らんでいる実感がありますし、複利で増えていくのが時間を味方にしている感覚として味わえます。

レバレッジを活用した不動産投資は、複利で増えていくというより、レバレッジを利かせていきなり大きな資産を取得し、家賃という配当を得ているので、感覚としては複利の前取りという感覚に近いものがあります。

複利計算で資産を増やす場合、少なくとも10年、本当に複利効果で増えたなあと感じるのは20年、30年経ってからです。30歳から始めて、定年の60歳くらいにその効果を感じられる極めて気の長い話です。なので、私は断然、レバレッジを活用した不動産投資による積立貯蓄のほうが性に合っています。

Q19

具体例で教えていただけるとわかりやすいのですが……?

A 私が実際に投資している賃貸マンションに関して、具体的な数字でご紹介していきましょう。

2017年3月に、比較的新しい千葉県松戸市内のファミリー向け賃貸マンションを取得しました。諸費用を含めて購入費用は約5億円、利回りは表面利回りで8%です。郊外であることと、任意売却物件なので、比較的安く購入させていただくことができました。

自己資金は1600万円、融資は4億8200万円借りています。毎月の家賃は330万円入ってきています。毎月の経費は平均して100万円ですので、毎月230万円の利益になります。

毎月のローンの返済は元利合計で140万円です。平均して毎月90万円のキャッシュが通帳に貯まっています。

家賃収入は経費を除いて毎月、管理会社から入ってきますし、固定資産税は自動引き落としなので、放ったらかして毎月通帳に90万円のお金が貯まっていっています。

すでに4年経ちましたが、この状態に変化はありません。

さらに注目すべきは、毎月元金が１１０万円ずつ減っていることです。4年間だと１１０万円×4年×12回＝５２８０万円が積み立てられているという計算になります。

価値はほとんど落ちていないと思われます。むしろ取得時より総収入は増えているので、価値が上がっているかもしれません。

もし、4年後に取得時と同じ価格で売ったとしたら、５２８０万円のキャッシュが通帳に記載され、その分、融資残は消えているのです。

自己資金で出した１６００万円はすでに回収しているし、毎月元金がどんどん減って積み立てられているのです。

気をつけていることは、家賃が下がらないようにしていることと、思わぬ修繕費がかからないように建物管理をしっかりしていることくらいです。

そのマネジメントも、私自身がしているのではなくて、賃貸管理会社とビル管理会社に任せているので、実務的には何もしていません。

Q20 元金が減ることで利益が積み立てられることはわかりましたが、それでも、資産が増えるには時間がかかるのではないでしょうか？

A 確かに不動産投資による収益増は時間がかかります。そもそも、時間を味方にして長期で資産を増やしていくのが投資の基本ということを忘れないでください。

不動産投資のバランスシートは当初、左側（資産の部）に収益不動産の土地、建物等があり、右側の上（負債の部）に銀行からのローン（他人資本）、下（純資産の部）に自己資金等（自己資本）があります（次ページ図表21）。

賃貸経営を行うと、賃料収入が入ってきて、経費を差し引いた利益が発生します。また、賃料収入からローンの元利金の返済も行われます。すると、キャッシュフロー（現金）が資産の部に積み足されていき、同時に負債であるローンの残高が減少することにより、純資産が増えていきます。

投資家にとっての儲けは「収入マイナス経費」ではなく、1年間における「純資産」の増加

［図表21］不動産投資のバランスシート（貸借対照表）

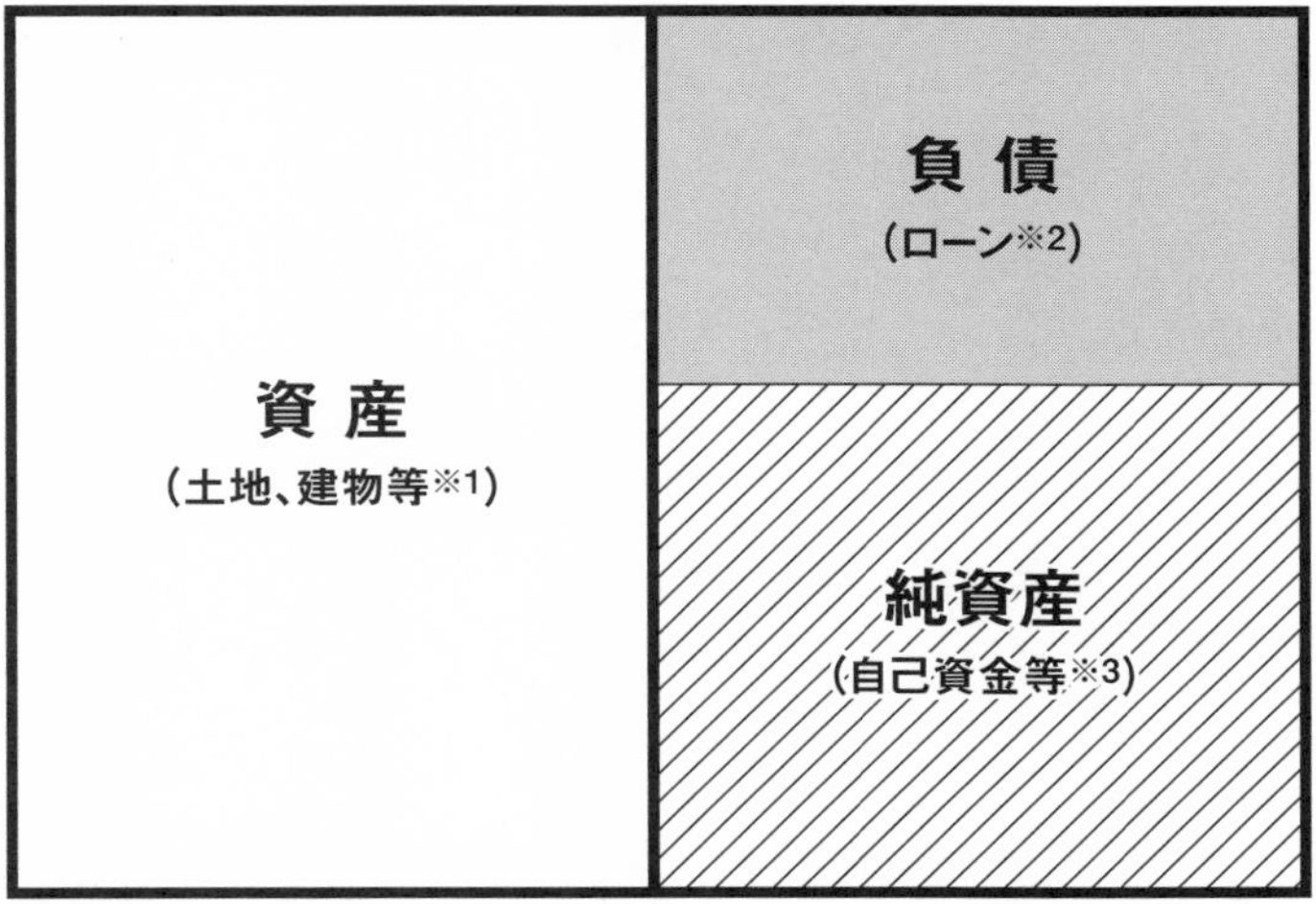

※1：取得時の価格（簿価）ではなく、定期的に時価評価する
※2：通常、元金の返済により次第に減少する
※3：賃料収入からの利益、および資産と負債の変化により増加することが重要

分が本当の儲けということになります。土地の市場価格が上がることによって含み益が出れば、純資産は増えますし、逆に建物が古くなって減価償却が進めば、その分だけ純資産は減ることになります。

よく「減価償却費は節税になるので、大きいほうがよい」などと言われますが、理論的には建物の価値が落ちて純資産が減っていくため、経費で認めるというだけのことです。

Q21

時間を味方につけるという発想が必要であるという理解はできました。でも、もっと早く資産を増やす方法はありませんか？

A

あります。一旦売却してローンを返済し、キャッシュを手にします。そのキャッシュでレバレッジをかけ、新たに収益不動産を取得すればよいのです。

これも具体例で説明しましょう。

現在、5億円の収益不動産を持っていたとします。ネット4％の利回りであれば、年間

２０００万円の収益となります。これを売ってしまうと、この年間２０００万円の収益と現物資産がなくなるので、寂しい気持ちになります。

ところが、売却により2億円のキャッシュが生まれたとしましょう。そして、８億円の融資を受け、今度は10億円の収益不動産を購入したとします。

同じくネット４％の収益であれば、年間４０００万円の収益と10億円の現物資産に生まれ変わります。

債務も増えますが、金利負担が増えるだけで、収益はまるまる投資家のものとなるので、純資産が増える速度は約2倍になるのです。

Q22

不動産は時間を味方にする長期投資だという認識がありましたが、眠っているキャッシュを起こし、レバレッジをかければ確かに資産が増えるスピードは早まりますね。そこで、さらなる質問です。売却すると税金で持っていかれて、手元にキャッシュが残らないということはないですか？

A

法人ですと利益に対し約35％、個人ですと長期譲渡で約20％かかります。確かに、税金で手取りは減りますが、手元にキャッシュが残るのは事実です。税金がかかるということは利益が出たことの証なので、本来は喜ぶべきことです。

ちなみに利益が出ていなければ、税金はかかりません。

先ほどの例でいくと、もともと自己資金が2億円入っており、利益が出ていないとしたら税金はかかりません。

売却するときに生まれるキャッシュはもともと入れた自己資金、元金返済分と売却益の3種類のお金が混じっています。税金がかかるのは売却益の部分だけです。ちなみに売却益の中には減価償却分も含まれるので気をつけてください。

また、資産家の個人の税率は所得税・住民税、相続税とも最高55％というケースが多く、法人税や譲渡税は優遇されているという認識を持ったほうがよいのではないでしょうか。

少しでもキャッシュを手元に残したいのであれば、「事業用資産の買い換え特例」を使えば原則として売却益の80％に対する課税が次の売却時まで繰り延べられます。繰り延べた分だけキャッシュが多く手元に残ります。「事業用資産の買い換え特例」を使うということは、国から無利息、無返済の融資を受けると考えたらよいでしょう。

ちなみに「事業用資産の買い換え特例」は法人、個人とも使えます。ただし、利用にあたっては細かい規程があるので注意が必要ですが、主なポイントは10年以上所有している（相続の場合はその期間を引き継ぐ）ことと、取得する土地の面積が３００㎡以上であることです。

第4章 優良物件の見極め方はどうすればよいか

不動産アービトラージを理解しよう

Q23

いざ不動産投資を始めるとして、優良な物件はどうやって見分ければよいのでしょうか？

A

市場に出回っている収益不動産の中で、投資家にとってメリットの大きな優良物件はそれほど多くありません。

そもそも市場に物件情報が出てこないケースがありますし、市場に出てきたとしても、1000件のうち優良な物件は2~3件あるかないかといった感じです。

しかし、ないわけでありません。かつてのリーマンショックのときや今回のコロナショックのように市場全体が低迷すると、比較的見つけやすくなります。
また、不動産市場が過熱気味のときでも、その気になって探せば見つかります。

Q24 具体的にはどのように探せばいいのでしょうか？

A 優良な収益不動産を見つけるために、ぜひ理解しておいていただきたいのが「不動産アービトラージ」という考え方です。

「アービトラージ」とは主に金融業界で使われている投資手法のひとつで、「裁定取引」とか「さやとり」と訳されており、例えば次のような説明がされます。

「歪んだ価格のついた資産を発見し、そこから利益を得る方法」
「価格不一致を特定し、それを利用する戦略を開発して行う取引」
「同じ財が異なる価格で取引されていることを利用して、ノーリスクで利益を得る手法」

何となくわかるでしょうか。

実際にはノーリスクということはあり得ませんが、理論的にはノーリスクで失敗しない投資手法と認識され、ヘッジファンドの有力な投資手法のひとつとなっています。

このアービトラージの発想を不動産の世界に応用し、時価と評価額の不一致に着目して不動産投資や遊休地の有効活用、相続対策に活用するというのが「不動産アービトラージ」です。

私は２０１０年からセミナーや勉強会でこの考え方を披露しはじめ、今では不動産業界では広く知られるようになっています。この考え方を自分のものにできれば、たとえ不動産投資は初めてという人でも、ベテラン投資家と同等の成果を上げることができるはずです。

Q25

「不動産アービトラージ」のイメージを掴むために、具体例を挙げてもらえませんか？

A

金融業界で有益とされる「アービトラージ」の考え方を不動産取引に当てはめてみると、実はすでにいろいろなアービトラージ的手法があることがわかりました。

「不動産アービトラージ」は大きく分けて、業界の仕組みや慣行によるもの、不動産に関わる各種制度によるもの、個々の不動産の活用法によるもの、という３パターンに分けられます（230ページ図表22）。

プロの不動産会社の方は「そんなこと知っているよ」と言われるかもしれませんが、原理原則から理解することによって、より深くさまざまな不動産取引の場面で適切な判断ができるようになるでしょう。

Q26

とても面白そうです。順に説明してもらえませんか？

A

わかりました。ただ、詳しく説明していくと１冊の書籍になってしまうので、ここでは簡単に概略を説明しておきましょう。

[図表22] 不動産アービトラージの3つのパターン

業界の仕組みや慣行によるもの	**情報格差** プロとアマ 地元とその他 任売・競売 買取仲介 非公開	**開発利益** 宅地開発 ビル開発 共同ビル	**時間差** 決算期 売り急ぎ・投げ売り 相続税支払い時
制度によるもの	**税制(TAX)** 時価と相続税評価の差	**法律(リーガル)** 底地＋借地権と更地価格の差	**政策(ポリティカル)** 公共用地買収 調整区域での建築
活用法によるもの	**最有効使用** テナントの変更による賃料アップ 建売業者とマンションディベロッパーとの価格の乖離(利用のミスマッチ) 活用計画による利回り差	**鑑定手法** 収益還元価格と取引事例価格の差 収益還元価格と開発価格の差	**小口化** 時間貸駐車場 トランクルーム サービスオフィス リゾートマンション利用券

▼「情報格差」によるアービトラージ

業界の仕組みや慣行によるアービトラージで代表的なのが、情報格差によるアービトラージです。「情報の非対称性」などと言ったりします。

例えば、地元の不動産市場に詳しい人から見れば「この物件は少し高いなあ」と思っていても、外部の人から見れば安く感じ、相場以上の価格で買ってしまうことはよくあります。観光地で高いのか安いのかよくわからない（実際は割高な）お土産を、観光客が喜んで買っている様子と似ています。

プロ（業界関係者）とアマ（一般消費者）の間でも、接する物件情報の量や質に大きな差があります。離婚や破産などの事情から売主が売り急いでいる「任意売却」「買取仲介」はプロの独擅場です。アマには情報が届きにくく、競争原理が働きづらいので、相場との乖離が大きい取引をすることが可能です。

場合によっては、プロ（売り手）が自分にとって不都合な情報は隠し、アマ（買い手）に都合の良い話だけを強調することもあります。

なるべく情報を非公開にしようというのはいまだに一部の不動産業界の体質で、売買仲介における「両手取引」にも見られます。売り手の物件情報を自社で抱え込み、自社が把握している購入希望者につなぐことで両方から手数料を得るというやり方です。レインズに登録し、他社経由で購入希望者の問い合わせがあっても、「先に買い付け証明が入っているから」などとはぐらかして時間を稼ぐのです。以前から問題視されているのですが、いまだに大手の一部ではこのやり方を続けているようです。

職業倫理に反するだけでなく、法律上の問題もあると思います。

▼「開発利益」によるアービトラージ

不動産産業界の仕組みや慣行によるアービトラージとしては、「開発利益」もそうです。市街化区域農地を宅地に造成したり、更地にアパートを建てたりする「開発」という行為は、開発前と開発後で、同じ土地の価値が大きく変わります。

市街化区域農地を宅地に造成すると、道路などをつくるために販売できる土地面積は少なくなりますが、資産価値の総額がアップすることで利益を得ることができます。

駅前の商店街でも、再開発によって大型商業ビルをつくることで価値創造を行い、開発前と開発後の価格差で開発利益を得ることができます。

あるいは、狭小敷地に建つペンシルビルオーナーが複数集まり、オフィスビルに共同で建て替えれば、建物の価値を高め、それぞれのビルオーナーが付加価値を分かち合うことができます。オフィスビルに生まれ変わることにより、例えば坪1・5万円の賃料が坪3万円にアップすれば、たとえ容積の増加がなくとも賃料の総額が2倍になるのです。

単体の建物においては、リノベーション、リフォーム、リモデリングなどの用途変更も開発の一種で、価値創造により開発利益を得ることができます。

開発利益によるアービトラージは金融業界のテクニカルなアービトラージと比較して、価値創造という点で社会貢献度が高いと言えます

▼「時間差」によるアービトラージ

もうひとつ、不動産業界の仕組みや慣行によるアービトラージが「時間差」です。

余裕時間が〝あり〟の場合は事前に販売戦略を綿密に練り、最も高いと思われる価格で売却をすることが可能です。相続税の納税資金を確保するために所有する土地の一部を売却する場合、時間に余裕があれば建売業者やマンションディベロッパーなど複数の不動産会社に声をかけ、一番高く売れる相手を探すことができます。

逆に、時間がない場合はとにかく土地を売って納税資金を確保しなければならず、相場よりかなり安い価格で売り出さざるを得ないこともあります。

こうした売り急ぎで多いケースは、競売前の任意売却、法人の決算期直前の売却、相続税の納税資金のための売却などです。確実性が求められる取引ではキャッシュで買う購入者が好まれます。スーパーのタイムセールや閉店セールのような、時間差により価格に歪みが生まれる現象です。

▼「税制(TAX)」によるアービトラージ

制度によるアービトラージの代表例が「税制」で、TAXアービトラージと言えます。

不動産の時価と相続税評価額の乖離に着目した相続税対策がまさにこれに当てはまります。

私は早くから相続税対策は時価と相続税評価額の乖離を利用するものであると説き、今ではスタンダードな考え方になっています。

かつての相続税対策では、貸家建付け地や借家権など制度上の評価減を利用することが節税対策の主流でした。

しかし、現場で不動産コンサルティングの実務に携わっているうち、相続税評価通達に基づく時価と相続税評価の乖離そのもののほうがずっと節税のメリットが大きいことを知りました。とりわけ都心の収益不動産は、土地の路線価が時価より相当低い上、建物の固定資産評価は時価より半値以下ということもあり、制度上の評価減も加えると、相続税評価は時価の３分の１から４分の１に圧縮されます。

現金で持っていれば３億円は３億円の評価なのですが、都心の収益不動産に組み換えれば、価値は３億円のまま相続税評価は１億円以下になることもあるのです。これは収益還元価格と積算価格の乖離ということでもあります。

同じことは、個人と同族会社での不動産売買においても言えます。高額譲渡や低額譲渡にあたるのではないかとして、当局と適正価格を巡って見解の相違が生じることがありますが、これも時価と評価に乖離があるから起きる事象です。

逆に、このことを利用して、個人と法人の間での資産移転では、結果的に譲渡税を低く抑えることも可能になります。

コンテナ倉庫を使った土地有効活用は、プロの資産家に人気があります。利回りの高さもありますが、減価償却のスピートを利用した節税対策が人気の理由です。

償却後５年以上経ってから売却し、長期譲渡所得とすることによって、利益を総合課税から分離課税に変えることが可能になります。これらの手法もＴＡＸを介在させた不動産アービトラージです。

▼「法律（リーガル）」によるアービトラージ

制度によるアービトラージとしては、「法律」も挙げられます。

例えば、借地借家法の改正の都度、借地人の権利が強くなり、借地人の土地の利用権のほうが土地所有者の底地の評価より高くなっています。これは、法律の改定により評価が変わり、価値の移転が行われたと考えられるので、リーガルアービトラージと呼べます。

理屈の上では、「底地（底地権）＋借地（借地権）＝更地（所有権）」です。しかし、「底地の価格＋借地の価格＝更地価格」ではありません。「底地の価格＋借地の価格」より、「更地価格」のほうがはるかに高くなります。普通住宅地の場合、底地の価格はせいぜい更地価格の15％、借地は更地価格の40％程度です。合計しても更地価格の半分くらいにしかなりません。

価格にこのような歪みが生まれるのは、借地借家法の改定によるものなのです。わかりにくい借地の取り扱いも、不動産アービトラージという視点で眺めると合点がいくのではないでしょうか。

▼「政策（ポリティカル）」によるアービトラージ

制度によるアービトラージには、「政策」もあります。ポリティカルアービトラージです。公共事業の対象となった土地の買収価格は、時価よりも高めに出ることが多いようです。公共用として供するため、半ば強制的に買い取るには、誰もが納得できる価格の提示が必要だからです。

結果的に、ただの空き地や農地が宅地並みの価格で取引されることもあります。

また、市街化調整区域に指定されたエリアでは、原則として建物を建てることができません。しかし、農家の家族などは、分家申請によって特別に調整区域に家を建てることができます。病院や高齢者向け施設なども、一定の条件の下、調整区域に建物を建てることができます。その結果、ほとんど価格のつかない調整区域の土地が、建物が建てられる宅地となり、資産価値を増大させます。

以上のような政策判断による価格の歪みも、不動産アービトラージのひとつと言ってよいでしょう。

▼「最有効使用」によるアービトラージ

活用法によるアービトラージの代表が、「最有効使用」です。

不動産の価格は、最有効使用をしているという前提で評価されます。ところが実際には、不動産が最有効使用されていることはむしろ稀なくらいです。

例えば、事務所として月15万円で貸していた収益不動産を、テナントの退出に伴って「店舗可」で募集すると、月25万円で貸せたりします。収益還元法で計算するなら、資産価値は1・6倍になります。利用形態のミスマッチによる価格差に着目したアービトラージが働いている例です。投資家脳で考えるなら、「今はオフィスで貸しているけど、将来テナントが退出したら店舗として貸せるはず。この価格はその差を反映していないので買いだ！」と判断することができるのです。

最有効使用によるアービトラージとしては、次のような例もあります。

ある資産家が相続税の納税資金を確保するために、土地を売却することになりました。とりあえず400坪の駐車場を売却しようということで、建売業者とマンションディベロッパーにあたりました。建売業者から提示された買取価格は坪50万円なのに対し、マンションディベロッパーからは坪100万円の提示がありました。

ただし、マンションディベロッパーは土地面積が最低500坪以上でなければ事業規模に乗らないということで、400坪だけの駐車場の買取りに難色を示しました。そこでこの資産家は、隣地の市街化区域内農地100坪もくっつけて合計500坪で売却することにしたのです。

100坪をプラスすることで、価格が倍になるのです。なぜなら、400坪以下であれば最有効使用は戸建分譲であり、その場合は道路整備などで実際に販売できる面積が減り（減歩）、その分、土地の価値も下がってしまいます。一方、500坪以上になるとマンション事業の適地となり、土地の価値が大幅にアップするのです。

この例も、最有効使用の判定が大きく土地価格に影響するということを物語っています。最有効使用を考えないことは、資産価値を落とすことに直結します。

ところが、このことに気がついていない方がほとんどで、知らない間に自分の大事な土地の資産価値を落としているのです。

最有効使用を考えるとはどういうことか、さらに具体例をご紹介しておきます。

都心の繁華街にある狭小地では、最有効使用というと容積率いっぱいのペンシルビルを企画するのが一般的だと思います。

しかし、私が相談を受けたケースで、容積率いっぱいの8階建てRC造と3階建て鉄骨造について、投資額と利回りを詳細に比較してみました。すると、いずれにおいても3階建て鉄骨造のほうが有利という結果になったのです。

なぜなら、狭小地に建てるペンシルビルはエレベーターや階段など共用部分の面積が多く、実際に貸せる有効床面積が小さくなる分、建築コストが高い8階建てRC造では採算性が悪化するのです。一方、3階建て鉄骨造はエレベーターがない分、有効床面積が増え、低層階だけなので平均坪賃料が高く、建築コストも抑えられ、採算性が高くなるのです。

この場合、利回りの高いほうが土地の価値も高くなるわけですから、3階建て鉄骨造が最有効使用ということになります。単なるイメージでなく、客観的な数字で確認することが最有効使用を考える際には不可欠です。

▼「鑑定手法」によるアービトラージ

活用法によるアービトラージとしては、「鑑定手法」も挙げられます。

ある上場企業の事業戦略が、このアービトラージを意識したものでした。それは、賃貸中の分譲マンションを収益還元法で査定して安く購入し、入居中は賃料収入を得ながら、退出したところでマイホームとして購入したい人へ、取引事例比較法で算定して高く売るというものです。金融投資家もその意味を理解し、出資しました。

この戦略が見事に当たり、今では金融機関からの低利の資金調達が可能になり、この企業は事業を大きく拡大しています。

ただ、追随する同業他社も増え、仕入れ競争が激しくなったため、収益還元価格と取引事例比較価格との差が縮まっています。これはアービトラージの宿命で、やがて歪みのある価格差は収斂するという特徴を見事に証明しています。

とはいえ、アービトラージ戦略を最初に取ったこの会社は、この分野でシェアを確保しており、安定した利益を上げることができています。

別の事例です。

中古の一棟投資用賃貸マンションがありました。収益還元法で鑑定すると約６億円でした。ところが、あるマンションディベロッパーが約９億円で購入するというのです。実は、建物を取り壊して新たに分譲マンションを建て、分譲する計画でした。分譲価格から逆算して土地価格を算定したところ、大きな差が出たのです。収益還元法と開発法、もしくは積算価格という鑑定評価の違いであると言えます。不動産鑑定評価（査定）にもいくつかの方式があり、それぞれで評価してみるという習慣をつけておけば、価格の歪みに気がつき、有利な取引につなげることができます。

このケースの場合、賃借人の明け渡し費用と解体費というリスクとコストを勘案しなければなりませんが、リスク許容度の高い投資家であれば、十分に採算の合う投資となります。

▼「小口化」によるアービトラージ

もうひとつ、活用法によるアービトラージとして「小口化」が挙げられます。小口化することで価値を高めるのです。

これには、「時間貸し駐車場」「トランクルーム」「サービスオフィス」「シェアハウス」「リゾートマンションのタイムシェア」など、たくさんあります。

時間や面積を小分けにして利用することにより、単価を上げるのです。月貸駐車場を時間貸し駐車場にしたら、月額収入が増えるというケースなどが身近な例です。利回りが上がり、資産価値がアップするのです。小口化によって価格差が生じるのも、一種のアービトラージが働いていると考えてよいでしょう。

ただし、小口化によって、通常はオペレーションコストが発生してきます。オペレーションが効率的にできなければ、コスト倒れになってしまい、逆に利回りを下げることもあります。
小口化はある程度の規模と組織力が必要になります。

Q27

何となくイメージは掴めましたが、実際にアービトラージを見つけるのは、何だか難しそうですね。

A

９つのケースを挙げましたが、それぞれに専門的な知識や経験、そして何より目利き力が必要となります。ただ、皆さんにもできないことはありません。

価格の歪みがある魅力的な資産を見つけようとする人を、私は「アービトラージャー」と呼んでいます。

不動産業界にも「目利き」の鋭さで上手な投資ができている人がいますが、そういう人は無意識のうちに不動産アービトラージの発想を取り入れているのだと思います。

ただ、ここで言う「目利き」は、職人的な経験で磨かれるのではなく、アービトラージの発想ができるかどうかにかかっています。

経験はあまり関係なく、かえって異業種から参入した人のほうが思い込みが少なく、不動産アービトラージが働く場面を見つけることもあります。

この機会にぜひ、皆さんも「不動産アービトラージャー」を目指してみてください。基本的に不動産投資の経験があるほうが有利ですが、これまでの常識に囚われるくらいなら、何も知らない初心者のほうがいいかもしれません。

「不動産アービトラージ」の考え方が理解できれば、あとは応用編です。ご自分でどんなところにアービトラージがあるか、いろいろな物件を見ながら考えてみてください。

例えば、エリアはどのように見極めればいいでしょうか。住居系の収益不動産は特に人口が増えていて、若者が多いエリア、あるいは沿線の世帯所得が高いエリアが有利と言われます。確かに一般的にはそうなのですが、そういうエリアは人気があり、物件価格もいきおい割高になりがちです。

私ならあえて人口が減っていて、高齢化が進み、沿線の世帯所得があまり高くないエリアの中で、流行っているコンビニエンスストアの近くなど、たくさん人が集まるような立地を狙います。あらかじめ「これが儲かる」といったワンパターンの決めつけをせず、柔軟な発想で人と競争しないところで勝負するのです。

商業ビルやソーシャルビルなど非住居系の収益物件はどうでしょう。ローンがつきにくく、自己資金が多いことが前提になりますが、割安で利回りの高い物件も少なくありません。リスクを十分見極めながら、多くの人がまだ気づいていないニッチを探すというやり方も面白いでしょう。

Q28

「不動産アービトラージ」を実践するにあたって、注意すべき点があれば教えてください。

A

ひとつだけ挙げるなら、購入においてスピードが非常に重要になるということです。有利な物件情報をいち早く入手し、買付証明を売主に出し、売主と交渉するのです。

不動産の取引は基本的に〝早い者勝ち〟です。慣習上、早く手を挙げた者から売主と交渉し、条件が折り合わなければ次に手を挙げた人、というふうに順に交渉していきます。

ですから、優良な収益不動産ほど〝スピード勝負〟になります。プロでもほんの少し連絡を入れるのが遅くて買えないことはよくあります。

しかしその一方で、何でもかんでも先に手を挙げればいいというわけではありません。表面利回りの良さに飛びついたら、とんでもないハズレだったということもあり得るでしょう。

重要なことは意思決定を早くすることです。「この物件の価格は割高なのか、割安なのか」「どんなリスクが考えられるのか」といったことをグズグズ考えているようでは他の投資家に先を越されます。理想を言えば、売り物件の情報が出てきたとき、現地を見に行ったりしなくても、すぐ買いかどうか判断できるくらいになっておくのです。

それには、自分なりの判断軸を持っておくことが欠かせません。どのエリアのどの立地で、物件種別はどれで、建物の規模、築年数、構造はどういうもので、価格と利回りはどれくらい、といったポイントなどがあらかじめ頭に入っていないといけません。

当然、いろいろな物件を普段からよく見ておくことが前提になります。

第５章

投資判断と意思決定はどのように行うか

投資判断軸を自分なりにつくろう

Q29

実際どんなものに投資をすればよいのかわかりません。投資をするにあたり、どのような点に注意したらよいのでしょうか？

A

神様ではないのですから、将来のことは誰にもわかりません。だからといってやみくもに投資をするのではいけません。

株やＦＸの投資においては、素人が食い物にされる確率が高いですよね。投資は無意識や本能や直感だけで行うと、必ずと言ってよいほど失敗します。無意識で判断したことの逆が正解であったりすることが多いのは不思議議です。

投資は自分の投資目的やポートフォリオに合わせ、冷徹に合理的かつ意識的な判断が求められます。

世間で人気だからとか、話題になっているからとか、親しい友達がしているからというだけで投資するのは危険です。

プロの不動産投資業者は10年以上、1万時間以上を費やし、失敗も経験しながら、やっと息を吸うような感覚で目利きができるようになるのです。

そのプロでさえ、リーマンショックのときは場外へ退場していきました。いきなり素人が直感で不動産投資をすることは、無免許で首都高を走るようなものです。

投資の判断ができるようになるためには、自分の投資判断軸を持たなければなりません。

銀行が貸してくれるから大丈夫だなんてことも、まったくありません。銀行は賃貸事業の見込みを審査しているのではありません。融資先の与信や担保を審査しているのです。不動産投資についてある程度の知識はありますが、不動産の目利きができるわけでもないし、その役割を担っているわけでもありません。

ですから、私は少なくとも1年間は勉強してから行動してくださいと伝えています。

不動産投資の本を何十冊か読みあさり、その中でこれだというポイントを掴み、自分に合った投資方法なのかを判断します。セミナーに出かけて情報収集をしてもよいでしょう。ただし、本やセミナーの情報は表面的なものが多いように思います。本質的な情報は現場の中に宿っています。考えて考えて、現場で実践され、検証を経たものが生きた情報だと思います。

当社の顧問先には、それぞれの内情に合わせ、実践的なシミュレーションを繰り返しながら学んでいただくことで、投資判断軸をつくっていただくようにしています。真剣に検討することによって学びの深度が深まり、10年で得るプロの経験値を何とか1年で身につけていただくように工夫しています。

ところが、頭でわかったつもりが、実践になると途端に逆をしてしまう人が多いのが現状です。ゴルフをやっている方なら理解しやすいと思いますが、ゴルフは我流でやっている間はちっともうまくなりません。練習場でコーチに理論を学び、正しいグリップやスタンスやスイングを学び、指導を受けながら行うと見違えるようにうまくなります。

しかし、本番のコースに行くと、練習場でできていたことが見事にできなくなります。コーチから学んだことをすっかり忘れてしまうからです。しかも、傾斜があったり、ラフがあったり、風が吹いたりして、本番ではなかなか実力が発揮できないものです。

前置きが長くなりました。では、不動産投資の投資判断軸はどのようにつくっていくのでしょうか。

以下に相反する軸をいくつか挙げ、順に説明してみましょう。それぞれ、一長一短があるので、投資家の価値観や判断がそこに現れてきます。

▼インカムゲイン優先 vs. キャピタルゲイン優先

どちらも欲しいですよね。ですが、インカムゲインを求めすぎるとキャピタルゲインというよりキャピタルロスとなりやすく、キャピタルゲインを求めるとインカムゲインが少ないというのが傾向として挙げられます。

これは、利回りを重視するのか、成長性を重視するのか、という視点に置き換えてもよいでしょう。

利回りを優先するなら、首都圏郊外が候補地になります。成長性を重視するのなら都心３区ないしはその周辺区が候補地になります。

ただ、利回りが良いものの、いざ売却するときに価値が下がっていては、それまでの利益が飛んでしまいます。

一方、利回りはそれほど高くはないものの、賃料は維持できていて売却時には購入時と同じくらいの価格で売れるというのであれば、利回りが低くとも結果的には確実に利益が出ます。

リートにも同じような傾向があります。

古くからある財閥系の規模が大きいリートは分配金利回りが低めですが、長期的に見れば基準価格が上がりやすい傾向にあります。一方、新興の小型リートは分配金利回りが高いものの、基準価格が下がりやすい傾向にあります。素人は分配金利回りが７％くらいのリートに飛びついて、売却時に基準価格が10％下がっていて損失を被ることがよくあります。

また、リートの動向を注視するとわかりますが、地方や築年数の古い高利回りの不動産を処分して、都心の不動産に組み換えています。減価償却の大きいものを避け、減価しない土地の比率が高いものが好まれる傾向にあります。これは、リートが減価償却後の「利益」を基準にして配当金を出しているので、減価償却が大きいと投資家に十分な配当金が出せなくなるからです。

個人の場合、不動産投資を始める初期には、ある程度利回りの高い収益不動産を購入して、通帳にキャッシュが積み増され、銀行の信用を得て、次の投資の機会を伺うという戦法を取ることがあります。

物件の価値は下がっていくかもしれませんが、含み損なので銀行にはわかりません。ちゃんと通帳にはお金が残っていきます。ただ、売却時に損を出し、キャッシュを減らしてしまう可能性には注意が必要です。

一方、都心ないしはその周辺の新築一棟マンションを購入する戦法もあります。表面利回りは5％以下なので、ローン比率が高いとキャッシュフローが出ません。通帳からむしろお金が減っていってしまうこともあるでしょう。ところが、売却時には元金返済分が確実にキャッシュとなる上、売却価格の下落も少なく、逆に上昇することさえあり、売却時には有利な投資であったということが判明します。

これだと、売却で得た新たなキャッシュでさらなる投資が行えます。それに対し、高利回りで購入した地方や郊外の収益不動産は、建物が大きいので修繕費や現状回復費にお金がかかる上、空室が増えると同時に広告費も増え、ネットの利益はそれほど多くはなく、売却時には値下げしなくては売れないということも想定されます。

どちらが良かったかは後になってわかることですが、地方郊外物件はハイリスク・ハイリターン、もしくはハイリスク・ローリターンに、都心ないし都心周辺区の物件はミドルリスク・ミドルリターンの傾向があるように思えます。

▼長期保有 vs. 短期保有

不動産投資にかかわらず、投資の基本は長期保有です。株の世界で言えば、ウォーレン・バフェットの投資スタイルです。丸の内のビルを所有する財閥系不動産会社やリートは、長期保有です。

一方、中小不動産業者や不動産投資ファンドのスタイルは、どちらかと言うと短期投資です。短期投資のほうが一時的にはまとまった利益が出ます。ですから、短期投資で回転を速くするほうが、利益を出すスピードは速くなるでしょう。

ところが、投資は良いときもあれば悪いときもあります。短期投資ですと、悪いときに一気にやられてしまうことがあります。リーマンショック後の新興系不動産業者の惨憺たる状況を見れば明らかでしょう。

では、長期投資の利点と短期投資の利点を両取りできる方法はないのでしょうか。個人の資産家や資産管理会社であれば、それができるのです。

すなわち、長期融資を組んで、長期投資をします。低金利で長期ローンが組めれば、返済リスクは極めて小さく、確実に毎月利益が積み上がっていきます。そのほとんどが元金返済という形で蓄積されます。

そして、あるタイミングで売却すると、その元金返済分がキャッシュで表に出てきます。このキャッシュを頭金にローンを組み合わせれば、売却した収益不動産に比べて、より大きな物件を取得することができます。これにより、毎月積み上がる利益も大きくなります。

持ち続けていれば確実に利益が出るし、売却してキャッシュを得て、もっと大きな投資をすることにより、純資産拡大のスピードを上げることもできます。

私はこのことを「持ってよし、売ってよし」と呼んで、こうした収益不動産を取得することを目指しています。

ちなみに、売却は利益確定のためでなく、次の投資のためのキャッシュづくりであるとの意識を持っておくとよいでしょう。

▼地域限定 vs. 分散投資

これは、集中投資か分散投資かという話と一緒です。

投資の世界では「卵を同じ籠に入れておくな」という格言があります。何かあったときに全滅することを避けるためです。

金融商品への投資の場合、株、債券、金、商品（コモディティ）、国内、海外、ヘッジあり・なしなどに分散し、何かが下がっても何かが上がるということで価格変動幅を減らし、リスクを下げるというやり方が推奨されています。

また、取得する時期によっても高い低いがあるので、毎月一定額を積み立てていくといった時間の分散投資という考え方（ドルコスト平均法）も有効です。

分散投資の場合は、平均的だということです。ガッポリ儲けることもないし、大幅に損失をすることもありません。分散投資は機関投資家など公的な投資家には、大変理にかなった良い手法であると言えます。

一方、個人投資家がガッポリ儲けたいというのであれば、リスクは高くなりますが、これと思った投資先に一極集中したほうが儲かります。リスクヘッジをせず、集中投資することにより、結果的に儲かれば、それが最大のリスクヘッジであったという考え方もできます。

このあたりは個人の価値観や投資スタイルが反映されるので人それぞれであり、どれが正解というわけではありません。

ただし、リスクを取らなかった人がリスクを取って成功した人を羨んだり嫉んだりしても仕方ありません。

不動産投資で言うと、高利回りの地方都市専門の投資家もいれば、郊外の中古戸建貸家専門の投資家や都心3区専門の投資家などもいて、実にさまざまです。不動産は金額も大きいので、そもそも分散投資がしづらいものです。分散投資をするのであれば、リートを購入するのがお勧めです。

不動産投資の場合、結果的に集中投資になっていることが多いです。

好きな地域、よく知っている地域に集中投資するという考え方もあります。土地勘があるので、動物的な直感が働きやすいという利点があるからです。この考え方も大切だと思います。

一方、成長エリアや成長分野に投資をするという考え方もあります。

株で言えば、過去に米国株に投資していた人は米国経済の成長に乗ってどんどん資産を増やしていったでしょう。中国で不動産投資していた人は常にバブルがはじけると言われていたのに、国の成長とともに上がり続けています。

フィリピンで不動産投資していると、家賃が上がっていくというのが当たり前の感覚ですが、これは国が成長しているからです。

一方、日本全体で考えると、高齢化、少子化、労働人口減少、デフレなどと暗い話ばかりです。唯一、元気で成長を感じるのは、東京です。アジアの玄関である福岡や沖縄なども成長しています。

東京とその他の地域では、まるで別の国のような状態です。

また、東京都内においても、人口が増加していく地域と減少していく地域が明確に分かれています。今後、リモートワークなどで働き方が変わることにより、多少の変化はあるかもしれませんが、お金と情報と人材が集まる東京は、やはり〝買い〟だと思います。

地方在住で、地方にばかり不動産を所有している資産家の皆さんは、視野を広げて東京の不動産に投資することを考えてもよいかもしれません。

▼アパート vs. マンション

アパートは高利回りだけど出口で不安、賃貸マンションは低利回りだけど資産価値が長持ちして出口で安心、といった特徴があります。

一般的にアパートは住宅地の中に、賃貸マンションは近隣商業地域の中にある傾向が高いです。これは容積率や土地価格に左右されるからです。

当然、賃貸マンションはより駅に近く、遮音性や気密性が高いなど建物のスペックも高いので入居者に選ばれやすいという利点があります。一方、土地代も建築費も高くなるので利回りは低くなりがちです。

家賃を誰から貰うのかを考えれば、収入の高い入居者に好まれる賃貸マンションが良いという判断になるでしょうが、利回りが低くなりがちなので、家賃を自分本位に上げてしまうと、入居者からそっぽを向けられてしまいます。

入居者第一に考えれば、賃貸マンションが良いに越したことはないですが、採算が取れなければ意味はありません。

この矛盾した部分を知恵で解決しなければなりません。

例えば、アパートのようにエレベーターが不要な4階もしくは5階建てにしたり、RCでもコストが削減できる壁式構造にしたりするなどです。

また、規模を大きくして、一住戸あたりの管理コストを下げるといったことや、共用部にサロンを設けて付加価値をつけるなども考えられます。コーヒーを飲み放題にしても、それほど大きな費用ではありません。それ以上に入居者が喜んで満足してくれれば、その分高い賃料を納得の上で払ってくれるのでWin-Winです。

ここまで考えが及ぶ人は、「投資家脳」を備えた人だと言ってよいでしょう。

▼住居系 vs. 非住居系

「日本の住宅家賃は退屈なほど値動きが少ない」と海外の投資家は感じているそうです。確かに給料はあまり変わらないし、物価もあまり変わらない日本では、海外と比べて家賃の〝粘着性〟が高いです。借地借家法によって入居者が守られているのも、理由のひとつかもしれません。その分、住居系の投資は極めて安定性の高い投資と言えます。

一方、商業ビルやオフィスビルは景気に大きく左右され、景気が良いと賃料は上がり、景気が悪くなると賃料は下がります。コロナショックで商業ビルやオフィスビル、ホテルは空室率が上がり、賃料の下落傾向がハッキリしてきました。一方、物流施設は絶好調です。巣ごもり需要が拡大したからです。

世界的に財政出動や金融緩和が進むと、また景気は良くなるでしょう。そのときは、商業ビルやオフィスビル、ホテルなどの賃料が上昇してくると思われます。価格変動幅が大きいのが、非住居系の特徴です。

個人投資家なら、不動産は金額も大きいので、価格変動の少ない住居系が無難であると言えます。

一方、住居系に人気が集中して、価格が高止まりしている懸念もあります。こんなときこそ、人のウラをかいて安値でホテル投資などをしたいと考える人も出てくるのではないでしょうか。日本人だけでなく、中国人などでそのように考える人がいてもおかしくありません。

このような投資スタイルを「バリュー投資」と言います。うまく狙い通りにいけばハイリターンですが、そのまま低調の場合は大きなリスクをもたらします。「バリュー投資」の場合、本当にバリュー（価値）があって、たまたま今は低いだけであれば問題ないのですが、本当はそもそもバリューがなかったとしたら目も当てられません。

▼新築 vs. 中古

中古は実績が出ている点が安心です。新築は賃料が市場価格とマッチしているかの見極めが必要です。

未入居で購入する場合、家賃は確定していませんし、満室になっていたとしても、新築プレミアムで高めの家賃になっているかもしれません。

最近では新築賃貸マンションの募集時にフリーレント2カ月、広告費が3カ月といったあまりにもインセンティブがつきすぎたものも増えてきました。これは家賃が高止まりしてきた証でもありますが、入居者が入れ替わる度に賃料が下がるか、フリーレント２カ月、広告費３カ月といった大きな出費を強いられることになります。

広告も含めて募集方法で家賃が10％くらい変わることはよくあることです。

適正賃料であれば、新築のメリットは多々あります。長く稼げるというのが最大のポイントで、ネット利回り４％だと25年で元が取れます。

「元が取れた築25年の賃貸マンションなら、ただでも損しないので安くしてほしい」とおっしゃった投資家がいますが、これは見方によっては一理あります。

確かに新築一棟マンションの表面利回りが５％で、築25年の中古一棟マンションが６％で売りに出ていたら、それほど差が少ないのはおかしいなと感じます。

築25年ならすでに投下資本を回収しているので、それなりの価格にしてほしいという発想は〝目からウロコ！〟でした。

中古賃貸マンションでも〝お宝〟はあります。空室率が高く、賃料が低いまま、建物の管理も不十分といった、大家さんレベルで賃貸経営がきちんとされていない物件はお宝である可能性が高いです。このような中古賃貸マンションは買い手が限られるので、安く購入できる可能性があります。

購入後、掃除をしっかりし、エントランスやエレベーターをリフォームして照明を明るくします。広告費もかけ、魅力をきちんと伝えて募集すれば、空室が埋まり、賃料も上げられます。

このような買い方をすれば、買った時点で含み益が出ていることになります。売却してもよいし、そのまま持ち続けてけても構いません。いずれにせよ、売却時には含み益が実現することになります。

▼完成済の物件を購入する vs. 土地を購入して自分で建てる

完成済の物件を購入するのは手間暇なく、すぐに賃料が入ってくるので、忙しい経営者系の資産家にピッタリです。

一方、地主系の資産家は、自分でアパートや賃貸マンションを建てた経験があれば、適地に土地を購入し、自分で建ててもよいかもしれません。開発利益を自ら享受できる点が最大のメリットです。本来なら表面利回り5%くらいのものが、6%強で取得できるでしょう。

ただし、開発リスクが伴います。想定のものが建たなかったり、杭工事などで予算オーバーしたり、家賃が実際には低かったということもあります。地方の不動産業者がワンルーム規制をよく知らないまま、急いで高値で土地を購入してしまい、想定のプランが入らず、やむを得ずファミリータイプにして想定家賃が下がり、安く売ってしまったということもあります。近隣の反対で計画がとん挫することがないとも言えません。

よって、土地から買って建てるパターンは、基本的にハイリスク・ハイリターンです。

一方、新築分譲や中古は、確定事項が多く不確定要素が少ないので、ミドルリスク・ミドルリターンということになります。

▼区分所有 vs. 一棟もの

土地が単独所有であり、自分で建て替えやリノベーションなど価値向上の工夫ができるので、私は一棟もののほうがよいと思います。難点は規模が大きくなり、投資金額も大きくなることです。

都心のタワーマンションなどは1戸で3億円することもあります。1戸1000万円のワンルームマンションなら30戸買える金額です。1戸3億円の区分マンションであれば家賃も高いですが、利回りはさほど良くありません。せいぜい3％くらいでしょう。

しかしながら、この手の区分マンションは抽選で当たらなければなかなか買えません。逆に当たれば、すぐに売却しても高値で売れるという状態です。

富裕層が集まるところはさらに資産価値が上がる傾向が今後も続くと思うので、そのような考えで都心の区分マンションに投資するのはひとつの方法だと思います。

なお最近、サラリーマンに対する不動産融資が厳しくなり、一棟ものは無理なので区分マンションを購入する人が増え、一部で価格が上がっていますが、あまりお勧めではありません。もともと利回りが低い上、売却時に価格が下がっている恐れもあるからです。

また、一戸月10万円くらいの家賃が入っても、固定資産税、管理費、修繕積立金、ローンの返済でほとんど手元に残りません。ローンはノンバンク等なので金利も高く、元金は最初のうちなかなか減りません。

持っているという満足感だけで、資産形成になっていないのです。ハイリスク・ローリターンとなる可能性の高い投資です。これくらいの投資額なら、リートのほうが確実でお勧めです。

▼土地の価値を優先 vs. 賃料を優先

土地の価値を優先するという発想は、日本の土地本位性を残した考え方です。金融機関は担保に頼った融資をしているので、この考え方が色濃く残っています。よって、銀行からの資金調達を優先して考える方にとっては合理的な選択です。

一方、賃料を優先するというのは、会社で言えば売上や利益に相当するので、経営的発想と言えます。

具体的には、収益還元法で投資物件の価値を判断して値決めをします。物件の価値は、土地や建物そのものではなく、入居者が納得して払ってくれる賃料の将来利益に基づくと考えます。

例えば、賃料が月１００万円入ってくるとします。経費が月平均20万円、利益が月80万円とすると、投下資本を25年で回収したいと思えば、80万円×25年×12カ月＝２億４０００万円で買えればよいということになります。

なお、本来なら時間割引率や物価変動や貨幣価値を考慮に入れるべきですが、現在はゼロ金利の時代なので、そのような要素を省略して考えています。

２億４０００万円なら、年間収入が１２００万円なので表面利回りで５％になります。25年は長いですよね。25年超えてからが正味の利益ということですから。

これは、全額自己資金で購入した場合の考えです。融資を受ければ、自分の投下資本は少なくなります。銀行から「期限の利益」を受けられるのです。よって、投下資本の回収は短くできますし、極端な場合、１年で回収することもあります。また、途中で売却すれば、投下資本はその時点で回収されます。途中で売却ができること、いわゆる換金性が高ければ、25年は長くないと感じるはずです。

このように、入居者の賃料がすべての価値の源泉だと考えれば、自然と入居者を大切にする気持ちが芽生えてくるのではないでしょうか。

▼自己資金を多く vs. 借入を多く(フルローン)

資産家を大別すると、まったく借金がないか、目いっぱい借金をしているかのどちらかかに極端に偏っています。

リートは、一般に出資が50%、ローンが50%と大変バランスの取れたところで運用をしています。自己資金だけではリターンが出にくいし、レバレッジをかけすぎるとリスクが高まるということで、50:50にしています。

不特定多数の小口の投資家からお金を集めているので、安全性を優先してレバレッジを2倍までにしているということでもあります。

不動産投資ファンド(私募債)の場合は、プロの機関投資家だけが出資者なのでもう少しハイレバレッジです。

負債比率（LTV）が70%であれば、自己資金30%に対して借入70%です。リートよりハイリスク・ハイリターンとなります。

個人の投資家の場合、フルローンや自己資金10%というケースもあります。これは、地主系資産家に多いのですが、土地はあるもののキャッシュがないため、所有する土地を別件担保で提供するのです。

自己資金10%だと、10倍のレバレッジです。他の金融商品と比較すると、かなりのハイレバレッジということになります。

私は地主系資産家には、総資産に対する負債比率は50%にしましょうと常々言ってきました。仮に土地・建物や現金を10億円お持ちで無借金の方であれば、ローンを10億円借りて20億円の優良な収益不動産を買い求めるのです。

こうすれば、資産が倍の20億円になり、純資産は最初10億円のままですが、時間とともに収益不動産からの利益で純資産が膨らんでいきます。

無借金は無借金でいいのですが、資産を有効に使えていないと見ることができます。こんなことができるのは資産家くらいで、一般の給与所得者がやりたいと思ってもできません。

▼利益を生活費に入れる vs. 利益は再投資に回す

投資では、得られた利益は生活費などに入れないで、再投資して複利で回すのが基本とされています。

最近ではiDeCo（イデコ：個人型確定拠出年金）やNISA（ニーサ：少額投資非課税制度）など政府の後押しもあって、積立型の複利で増えるタイプの投資信託などが人気です。ところが以前、日本では毎月分配型の投資信託が人気でした。これは生活費に回すためで、いわば年金みたいな使い方です。

もともと土地を持っていて、入居者ニーズを気にすることなくアパートを建てていった地主系資産家も、多くの場合は家賃を生活費に入れていました。それだと、アパートが古くなって入居率が下がり、家賃が下がって修繕費がかさむと、生活費は減ってしまいます。

このような大家さんタイプの資産家は、何もしなければジリ貧です。かといって、リスクマネジメントしてリスクテイクすることもありません。

できれば、このような方にこそ本書を読んでいただいて、ジリ貧状態を抜け出し、ハッピーな資産家人生を送っていただきたいと思っています。

ただ、このような方は自ら本を読んだり、情報を集めたり、考えたりすることが少ないようです。当社を訪れる資産家は、どちらかと言うとインテリが多く、時間割引率が低い傾向にあります。家賃を生活費に入れている資産家は、一部を生活費に、残りは次の投資に使い、ジリ貧状態にならないようにすることが大切です。

本当の資産家は生活も地味めで、ステータスのために散財することはありません。金のなる木が枯れる前に次の投資をして、全体のポートフォリオの中で資産を枯らさないようにしなくてはなりません。

お気づきになったと思いますが、投資はすべてリスクとリターンの2つの軸に帰結します。そして、理論的に言えば、リスクとリターンは正比例します（次ページ図表23）。

ただし、世間には合理的な投資家ばかりでないので、ハイリスク・ローリターンというようなことが現実に起きています。むしろ、無意識や直感に頼ると、投資においては真逆を行ってしまうという危険をはらんでいます。

よって、リスクマネジメントをしっかり学び、正しいリスクの取り方で、適正なリターンを得るということをしてほしいと思っています。

［図表23］投資対象別のリスクとリターンの関係（概念図）

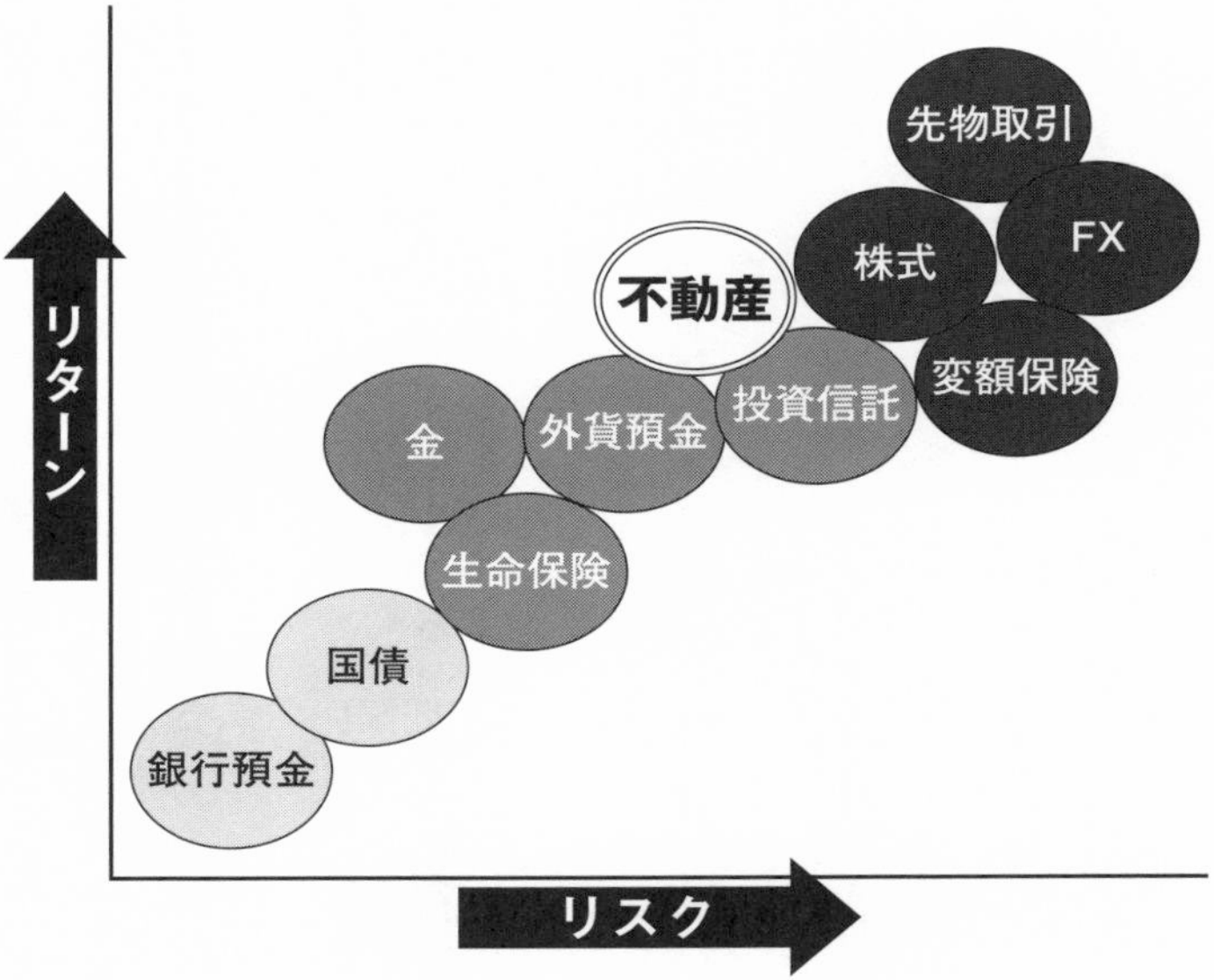

Q30 話を聞いて、実際に不動産投資をしようかなと思いました。実際のところ、どのような物件をどのように選べばよいのでしょうか？

A 不動産投資は物件の選び方で成否の80％が決まると思いますし、多くの投資家がそのように言っております。

先ほどの投資判断軸ができているという前提でお話をしましょう。私自身が心がけていることは次の５つです。

①リミテッドがあるか
②5～10年後の出口がイメージできるか
③良ければ即決する
④売主の期待に応える
⑤金融機関の融資枠を確保しておく

では、それぞれについて説明していきましょう。

①リミテッドがあるか

これは限定のあるところ、競争が少ないところで戦うということです。「戦う」という言葉はあまり好きではないので、こんな言い方に変えましょう。賃貸住宅の入居者にとって立地は最大のニーズです。しかし、供給が多いところでは、それほど入居者のニーズに応えていることになりません。入居者に対する人助けになっていないのです。

立地は限定されていることが重要です。例えば、銀座エリアは東京でもブランド力№1の立地です。せいぜい歩いて10分そこそこで、端から端まで歩ける限られたエリアに、超高級ブランドショップや有名百貨店、名だたる老舗が軒を連ねています。このようなエリアは人気が落ちることはありません。

郊外でも、海や川が美しく見える立地は限定されています。自然は人工物と違って人を癒します。キラキラ光る水面を見ていたら飽きることがないでしょう。このような立地は、極めて限られていて、一点もののような価値があります。海や川の代わりに、目の前が公園というのも限られた立地ですね。このような立地の人気は落ちません。

駅から徒歩５分以内といった基準も、数値的にリミテッドです。５分以内という限られたエリアと言えば、限定されていますよね。

逆に、区画整理地区や再開発が進む地区は供給が増え、値崩れする恐れがあります。今後同じような賃貸住宅が急激に増えていきそうな場所は、避けたほうが無難です。

②5～10年後の出口がイメージできるか

５～10年後に実際に売却する必要はありませんが、値崩れなしで売却できるかという検討は必要です。流動性は資産価値の大きな要素で、換金力があるかどうかの判断をしてから購入してください。

例えば、新築のＲＣ賃貸マンションで、賃料相場も地域水準並みであれば、10年後にも大きく賃料を下げる心配はなく、修繕費もほとんどかからないし、10年後に新しい所有者は35年ローンが組めるので、購入した価格と大きく隔たりのある売却価格にはならないだろうと想定できます。

また、築50年の老朽ビルであっても、10年後に更地にして売却するのであれば、ディベロッパーが手を挙げてくれるのではないかと出口のイメージが描けます。その場合は定期借家契約に切り替えるなどの準備を並行して行うことになります。

木造アパートの場合、法定耐用年数が原則22年です。築10年になってしまうと新しい所有者は理論上、12年返済でしかローンが組めず、価格を安くしなければ売りにくくなることは明らかです。

これだと10年間である程度の利益を出しておく必要があり、新築であってもネット利回りが5~6%、表面利回りでは7%くらいなければ、出口で苦労することが予想されます。もし、ネット利回り6%なら、10年間で購入価格の60%を税引き前利益で回収しているので、たとえ購入時の半値で売ってもトータルでは損にはならないでしょう。

ちなみに、木造アパートでは土地と建物の比率が50%ずつのケースが多いので、建物分相当を回収できているとすれば、土地値以下で売却することになることはあまり考えられないので、長期投資と考えればあり得るということです。

リミテッドのない平凡な築年数の古い一棟中古マンションを購入するとなると、出口のイメージが描きにくい傾向にあります。

その場合は価格のみが決め手になるので、相場よりかなりお値打ち価格で買えるという状況でない限り、慎重に検討したほうがよいかもしれません。

③良ければ即決する

これも重要です。

優良物件はプロの投資家との競争が激しいです。投資判断基準を満たし、銀行の融資枠が確保されているなら、さっさと手を挙げて購入申込書を提出するなどして、購入の意思表示をします。

売主の立場を考えれば、優先交渉権を付与する相手は確実な買い手で、意思表示が早いものから優先するでしょう。

ほんのちょっとの差で他に買われてしまったというのは、よくある話です。

④売主の期待に応える

購入申込書等の書面で意思表示をしても、必ずしも譲ってもらえるとは限りません。

売主というのは往々にして、「本当に買うのだろうか？」「途中でやめたということにならないだろうか?」「そもそも資金調達は可能だろうか?」「細かいことを言ってきて、後からネチネチ値引きを要求しないだろうか?」「一方的に自分の都合の要求をしてくる人ではないだろうか?」「後々、紛争になるような人ではないだろうか?」「買ってやるぞといった上から目線の人ではないだろうか?」など、いろいろなことが頭をよぎっているものです。

価格以外のところでは、売主の意向をできるだけ尊重し、気持ち良くお譲りいただけるように接しなければなりません。

購入申込書もなるべく具体的に書いて信用を得る必要があります。手付金額はなるべく多くして、本気度と資金の確実性をアピールします。契約と決済の期日も「いつまでに」ということをきちんと伝えます。

ローンの申し込みが通らなかったら白紙解約できるという「融資特約」はつけません。あらかじめ金融機関と話をしておき、支店長の融資判断は少なくとも取りつけておきましょう。

建物や設備は「現況有姿」で購入することを伝え、いちいち細かいことは言わないという姿勢を示します。

そして何より、「買ってやる」ではなく、「ご所有の大切な不動産をお譲りしていただく」という姿勢が大切です。

また、当社が複数回、間に入った取引先の場合、過去の実績と信頼を考慮に入れていただくことにより、優先して売渡先にしていただくこともあります。

⑤金融機関の融資枠を確保しておく

年々、不動産投資に対する金融機関の融資姿勢は厳しくなってきており、ローンの申し込みが不調に終わっての白紙解約が増えていると聞いています。

そうなると、売主も慎重にならざるを得ません。売主の中には、融資が確定していなければ、契約はしないとルールを決めているところもあります。

決算書や確定申告書だけではわかりにくい資産背景をまとめておき、あらかじめ融資が可能かどうかを確認しておきましょう。

支店長決裁が本部決裁と一致するとは必ずしも言えませんが、経験豊富な支店長なら、その勘所は掴んでいるはずです。

第6章

効果的な資金調達はどのようにするか

銀行とWin―Winの関係をつくろう

Q31

不動産投資においては、レバレッジが有効だということはよくわかりました。ただ、実際に融資を受けるというのは簡単ではないと思いますが……?

A

アベノミクスが始まって金融緩和が進んだ当初は、いわゆるサラリーマン投資家がブームになりました。銀行は属性にかかわらず、積極的に不動産へ融資をしたからです。

しかし、最近は違います。

2～3年前から不動産への融資が絞られはじめ、選別融資が鮮明となり、サラリーマン投資家は場外に押しやられ、医師、弁護士などの士業に対しても融資姿勢が厳しいのが現状です。

今では、対象が資産背景のしっかりした富裕層や経営者層に限られている状況です。富裕層であっても、負債が多い人や融資の増加スピードが早い人は借りにくくなりました。

もちろん、キャッシュリッチな富裕層や、収益力の高い企業の経営者、借金の少ない地主に対しては、積極的な貸し出し姿勢を続けており、そういう意味では二極化が進んでいます。

昔から言われていますが、「雨の日には傘を取り上げ、晴れの日に傘を貸す」という格言通りです。それだけ、銀行自体の体力もなくなってきているということでしょう。

Q32

では、負債が多い資産家の場合、どのようにすれば、さらなる融資が受けられるのでしょうか？

A まず考えられる手段としては、金融機関に評価される担保力と収益力が高い収益不動産を取得することです。

銀行は基本的に、「積算価格」で不動産を評価します。主に土地は相続税路線価、建物は固定資産税評価額を基準に、担保としての価値を見るのです。

一方、実際の取引価格は賃料収入から逆算した「収益還元価格」がベースになります。収益力に着目して価値を見るのです。

一般に「積算価格」より「収益還元価格」のほうが高くなります。収益不動産を購入するために銀行に融資を申し込んだ際、積算価格で評価されると購入金額まで届かず、自己資金をたくさん、場合によっては半分くらい出すように要求されます。

では、担保力と収益力がともに高い収益不動産とはどんなものでしょうか。これはズバリ、土地が広く、建物の規模が大きい郊外のRC造ファミリー物件です。積算価格が高く、購入する収益不動産自体の評価で融資を受けられる可能性が高いからです。

ただし、郊外の土地は値下がりしやすく、ファミリー物件は部屋が広い分、現状回復費用や修繕費がかかり、ジリ貧傾向になるのがネックです。

融資が受けやすいという理由だけで判断するのは厳禁です。

Q33

それは問題ですね。では、成長性が高い都心およびその周辺で融資を受けるにはどうしたらよいでしょうか？

A

都心および周辺のワンルームマンションは成長性が期待できますが、土地は小さいし、建物もワンルームタイプが多く、坪当たりの建築費も高いため、家賃は高いものの評価割れになってしまいます。

例えば3億円の収益不動産の場合、多くの銀行の評価は1・5億円くらいが相場です。実態に合っていませんが、銀行はストレスをかけて評価するので、そのようなことになってしまうのです。

自己資金を1・5億円出しても構わないと思う人はわずかです。それでは、銀行と投資家の間で契約は成立しません。お互い歩み寄る必要があります。

どのような歩み寄りがあるのでしょうか。

例えば、投資家は自己資金10％で10倍のレバレッジをかけたいと思っています。融資を40％

増やさなくてはなりません。

その場合、自己資金を投入するより、銀行が納得してくれる別件担保を提供するケースが多い傾向にあります。

地主系の資産家ですと、駐車場などの土地を担保に提供しようと考えます。

しかし、別件担保を入れても収益不動産の収益力が上がるわけではありません。

また、35年返済で借入する場合、銀行は通常、残存耐用年数が35年以上の収益不動産を別件担保に入れるよう求めます。耐用年数が過ぎた物件の収益は評価上、見ることができないということです。

別件担保さえ差し入れればよい、という考え方が間違っていることがわかります。

銀行は資産と収益全体を見て融資するのです。

結局、築浅のRCマンションであれば、担保力と収益力のどちらの点でも担保となるので最強です。

Q34 銀行は資産と収益全体を見て融資を判断することはわかりますが、資産内容をすべて開示したほうがよいのでしょうか？

A はい。原則すべて開示するのが正解です。過去に書類を改ざんして不正融資を受けて社会問題になった事件がありましたが、問題外です。

資産家は複数の資産をいろいろな形で所有していて、銀行員が全体像を掴むのは時間と手間暇がかかります。

個人の確定申告書3期分、資産管理会社3期分だけではなかなか判断できません。また、相続が起きたときに面倒にならないかも心配します。

なので、あらかじめ相続対策（主に分割対策＝相続人を明確にする）をしておくことや、資産の棚卸をしておくことは大変重要なポイントです。

Q35

あらかじめ、相続対策や資産の棚卸をしておくことは重要なことがわかりました。実際にどのように行えばよいのでしょうか？

A 相続税の試算や遺産分割協議を想定した上で、所有する不動産の物件概要などのすべての情報を一覧にまとめるとよいでしょう。

ご自分で行うには、相続税の試算や遺産分割協議を想定した上で、所有する不動産の物件概要、収益性、時価評価、将来の成長性評価、融資先、残債などを一覧にまとめます。そして、それを銀行に提出するとよいでしょう。

物件の写真をつけておくと、イメージしやすく高評価です。実際、銀行内での決裁も印象によるところが大きく、わかりやすい印象の良い資料が求められます。細かいデータよりも、エビデンスと結論が簡潔にわかる資料づくりを心がけましょう。

なお、アセットマネジメントを当社に任せていただいている顧問先は、相続対策や資産の棚卸を原則行っているので問題ありません。

　また、銀行が稟議につけるエビデンスをこちらでなるべく多く準備してあげることも大切になります。

　例えば、購入する不動産の近隣の土地の取引事例や賃料の事例です。不動産鑑定士による鑑定評価があればベストでしょう。

第7章 相続対策のために不動産投資はどうすべきか

プライベートカンパニーを上手に活用しよう

Q36

相続対策についてはいろいろなところでさまざまな話を聞きますが、節税や不動産投資が中心で、何か違うなあと思うのですが……？

A

そうなんです。私も相続は30年以上前からのテーマで、いろいろ情報を集めたり、実際の相続の現場で助言をしたりしていますが、何のための相続対策かという点がはっきりしないまま、語られている点が気になるんですよ。

多くの相続対策は、ほとんどのケースで資産を残す人（被相続人）ではなく、資産を受け継ぐ人（相続人）の立場で論じられていることが多く、その中身は節税が中心であったり、不動産の有効活用や投資の話であったりします。

私は、相続対策とは被相続人と相続人、それぞれがハッピーになるためのものでなくてはならないと考えています。

もっと言えば、相続対策では被相続人の人生が一番にあって、次に相続人それぞれの人生設計があるのではないでしょうか。

相続される資産はもともと、被相続人のものです。被相続人は自分の資産を、自分の生きている間、自分のため、家族のため、世のため、人のために好きなように使えばいいのです。残った分のみ相続すればよいのです。

ただ、実際には資産家は自分だけで使い切れない資産を持っているケースがほとんどですし、地主系の資産家の場合、土地はあるものの現金は少ない状態で相続することになります。少しでも一族のために、相続税を少なくしたいのは人情です。

また、相続後は相続人それぞれの生活があります。長男がすべて資産を受け継ぐ時代でもありません。相続人それぞれの生活を考えて、相続財産を分配することになります。

とは言っても、金融資産だけならともかく、不動産や自社株などを受け継いで管理していくことは、時間的にも精神的にも大変エネルギーが必要です。そこで、主に資産を引き継ぐ代表の相続人を中心に、事業承継を考えるのが一般的です。

教科書的には相続対策は3つあって、1に分割対策、2に納税対策、3に節税対策と言われています。実際はすべて大切ですが、家族が相続で揉めて縁を切ることのないようにすることが一番大切ですよと、私はいつも申し上げています。

「分割対策」とは、遺産の分割で揉めないようにすることで、遺言書をつくっておいたり、一部の相続人には生前贈与で済ませておいたりするのがよいです。そのときに有効なのが、プライベートカンパニーの活用です。

また、借金の分割対策を忘れがちになりますが、収益不動産を相続した人が承継するようにします。相続時は相続人全員が連帯債務者になっているので、債務の引き受けをする相続人を決めて銀行に承認してもらう必要があります。

「納税対策」は、相続人それぞれがあらかじめ相続発生から10カ月以内で現金で納税できるようにしておくことです。土地だけしかない場合は、境界確定などを済ませておき、いざとなればすぐ売却できるようにしておくことが大切です。

最後に、相続税を減らす「節税対策」です。数々の方法がありますが、その中でも圧倒的に効果が高いのが収益不動産を使う方法です。

Q37

相続対策の要所はわかりました。それでは、なぜ収益不動産はそんなに節税効果が高いのでしょうか？

A

これは簡単な理由です。相続税評価額には算出の決まりがあって、実際の価値より低くなるからです。

東京の収益不動産の場合、時価に対して相続税評価額はおおよそ3分の1になります。ケースによっては4分の1になることもあります。

現金や株などの金融商品は、相続税評価と実際の価値が同じで節税対策になりません。ところが、収益不動産の相続税評価額の算出方法には決まりがあって、低くなりがちなのです。

土地については、基本的に相続税路線価で評価されます。東京都内ですと概ね路線価は、実勢価格の半分くらいになっています。建物は固定資産税評価で評価されます。これも概ね実勢価格の半分くらいになっています。

さらに制度上の評価減があります。アパートや賃貸マンションが建っている土地の場合、

「貸家建付地」として路線価から概ね20％減額になります。正確には借地権割合で計算されます。アパートや賃貸マンションの建物は、借家権がついていると見なされて、固定資産評価から30％引くことができます。

こうしたことにより、収益不動産の相続税評価は時価に対して約3分の1になるのです。これは、国税庁の「財産評価通達」によって、相続税の計算においては簡便法で路線価を使ってよいということになっているからです。しかし、収益不動産は収益還元価格で実際の価値が決まるのであり、相続税路線価は直接的には関係ありません。家賃が収益不動産の価値の源泉です。

不動産鑑定評価的に言えば、収益還元価格と積算価格の乖離からこのような相続税評価の乖離が生まれてくるのです。

Q38

収益還元価格と積算価格の乖離から節税効果が発生することは理解できました。節税対策で何か気をつけることはありますか？

A

何よりも気をつけることは、節税対策とは言ってもあくまでも不動産投資であることです。相続対策で成功しても不動産投資で失敗してしまえば、元も子もありません。

具体的にお話しましょう。

相続税評価額が5億円の土地を持っていたとします。その他の資産はありません。相続人が子ども2人の場合、相続税は約1・5億円になります。

そこで相続対策として、9億円の収益不動産をフルローンで購入したとします。この収益不動産の土地建物の相続税評価額は、時価の3分の1ということで約3億円です。また、もともと持っていた土地の相続税評価額5億円を加えると、約8億円です。一方、9億円の借金があるので、全体としての相続税評価はマイナスになり、相続税はゼロです。こうして約1・5億円の節税になるというわけです。

ところが、購入した収益不動産がとんでもない不良物件で、いざ売却しようとしたら、7億円でしか売れなかったとしたらどうでしょう。2億円の赤字になり、節税額の約1・5億円など吹っ飛んでしまいます。

節税対策だからと言って、価値が下がったり、採算の合わない収益不動産を購入したりしてはいけません。あくまでも、最初に正しい不動産投資があり、ついでに節税対策にもなるという認識が必要です。

Q39

資産家の多くはプライベートカンパニーを所有しています。なぜ、プライベートカンパニーを所有しているのでしょうか？　どんな活用方法があるのでしょうか？

A

プライベートカンパニーは、資産管理会社とか資産所有会社とか言われる同族会社のことです。資産を個人から法人に移すことによって、さまざまな税金対策、資金調達対策、相続対策などが可能です。

プライベートカンパニーの活用いかんで、資産家はその資産を守り、増やすことができます。ですから、資産家にとってプライベートカンパニーを所有することは、当然の前提と言ってもいいでしょう。

では、どのような利用方法が考えられるでしょうか。

最もポピュラーなのは、所得税対策です。所得税の最高税率は45％です（住民税を合わせると約55％）。資産家の多くはこの最高税率に該当します。よって、建物の名義を法人に変え、売上と利益を法人に移し、所得税を法人税にするのです。法人税の実効税率（住民税を含む）は約35％なので、約20％の節税になります。

次に多いのは、相続対策です。プライベートカンパニーによる相続対策の基本は、プライベートカンパニーの株式の生前贈与です。生前贈与であれば、被相続人自らが自分の意思で、好きなだけ、好きな人に贈与できます。

その際、注意すべきなのは贈与税ですが、贈与税がかからないように贈与するのは簡単です。プライベートカンパニーの株価を下げ、株価をゼロにしてから贈与するだけのことです。

プライベートカンパニーの株価を下げるには、退職金を支払うなどいろいろなやり方がありますが、特に有効なのは借金をして収益不動産を購入することです。収益不動産を購入してから3年すれば、贈与税の計算上、収益不動産は相続税評価額で評価されるため、プライベートカンパニーの株価をゼロにすることができます。

贈与する相手は1代飛ばして、お孫さんです。1代飛ばせば相続税も1代飛ばせます。タイミングを見て可愛いお孫さんに贈与します。その際、代表取締役を子どもに指定してもよいでしょう。自分の好きなタイミングで好きな人に贈与できるのが、贈与の特徴です。

このあたりのプライベートカンパニーの使い方は個別性が高いので、個人個人の実情にあった活用方法を設計する必要があります。

プライベートカンパニーを資金調達の手段で使うのもありです。借金がたくさんある個人より、ピカピカの新会社のほうが融資において有利なこともあります。

また、複数のプライベートカンパニーを設立して、その目的別に活用する方法もあります。

複数のプライベートカンパニーはかかりますが、効果を考えたらわずかな出費です。

複数のプライベートカンパニーを持つ最大のメリットは、親族間売買ができることです。

売却によってまとまったキャッシュを得ることができます。そのキャッシュを利用して、相続税の納税もできるし、別の不動産投資の頭金にすることも可能です。

所有する収益不動産を第三者に売却すると、現物資産を失うと同時にその収益力も失ってしまいます。ファミリー間での売買であれば資産を失うことなく、まとまったキャッシュを得ることができるので、一挙両得です。実行にあたっては税理士や金融機関の協力を得るため、正しく理解して説明する必要があります。

このとき、目先の費用や税金にこだわる人が多いのも事実です。将来の大きな利益より、目先の利益や損失を優先して考えるのです。本書の中で何度も出てくる時間割引率の高い人の特徴です。不動産投資だけでなく、事業や人間関係についても時間割引率の低い人になることが、成功のカギであることを再認識してください。

Q40

不動産投資による相続対策がどんどん難しくなっていると聞きますが、どういうことですか？

A

昨今、相続税の申告をしたところ、否認されるケースが増えています。「財産評価基準」に則って路線価等で申告したにもかかわらず、相続後の税務調査において「時価で申告し直してください」と言われるのです。

本来、相続税の申告は時価でするのが原則です。とはいうものの、相続税の申告代理人である税理士は、不動産に精通しているわけではないので時価などわかりません。

そこで、簡便法として「財産評価基準」に則って申告しているのですが、明らかに節税対策目的で故意に評価を下げたような場合、当局の伝家の宝刀と言われる相続税法（財産評価通達）の「総則6項」や、法人税法の「行為計算の否認規程」により、当局のほうでその申告を否認することができるのです。その要件があいまいであるため、「総則6項」や「行為計算の否認規程」により否認されるケースは極めてレアでした。

ところが、近年、否認されるケースが散見されるようになってきました。例えば、死亡直前に高齢者が借金して収益不動産を購入するような場合、購入の合理的な理由が見当たりません。銀行の稟議書には相続対策で購入するとの文言があり、相続直後に高値で売却したとなると、その後の税務調査では高い確率で「時価で申告し直してください」と言われるでしょう。

よほど資産税に精通した税理士以外は、こうした事態まで考えが及ばないこともあるので、税理士が「大丈夫」と言っても安易なジャッジは禁物です。

ですので、直前のやりすぎの相続対策は行ってはいけません。あくまでも、資産設計や事業承継のための不動産投資でなくてはなりません。

少なくとも相続前にバタバタ行うのではなく、計画的に不動産投資による相続対策を行い、長期保有を前提に賃貸経営を行ってください。

おわりに

幸せの定義は「お金持ち、時間持ち、仲間持ち」

自ら働くだけでなく、資産にも働いてもらって、幸せな人生を送りましょうということが、この本のテーマです。

収益不動産は文句も言わず、あなたに代わって朝から晩まで働き続け、お金をもたらしてくれます。経営を管理会社に任せることができるので、時間持ちにもなれます。

一方、超資産家になると、資産を失う恐怖と戦う必要があります。また、資産目当てで集まる面倒くさい人間関係に嫌気を感じることもあるでしょう。

では、お金からの自由、時間からの自由、そして人間関係の自由を手に入れるにはどうすればいいか。これは永遠の課題です。

無能唱元師の「魅は与によって生じ、求によって滅す」という言葉にヒントがあります。他人に有形無形の〝与える〟何かがある人は魅力的です。一方、〝求める〟ばかりの人からは、人が去っていくのです。

超資産家の皆さんが相続対策や不動産投資で成功するには、さまざまな人々の協力関係が不可欠です。信頼のおけるネットワークからの物件情報や、ローンを借りる金融機関、運営を任せる賃貸管理会社、さまざまな手続きや業務をサポートしてくれる税理士、司法書士、土地家屋調査士、不動産鑑定士、コンサルタントなどです。

札束で頬っぺたを叩くようなことをすれば、無理やり動いてくれるかもしれません。しかし、魅力的な人からの依頼であれば、むしろ他の案件を差し置いて真っ先に全力で協力してくれるはずです。

日頃から人に対して〝与える〟を自然にできている人は魅力的で、人からの支援も得られ、すべてがうまくいくのです。ある意味、〝与える〟こと自体が投資と言ってもよいでしょう。信頼関係の貯蓄と考えることもできます。

私が以前から繰り返して話している「なぜか節税を追いかけるとお金が逃げていく」ということも本質は同じです。

ほとんどの節税は課税の繰り延べであって、節税になっていないばかりか、節税により先行投資すべきキャッシュを失い、機会損失をしているという意味です。

目先の税金を取られるのが嫌だという気持ちは、私も嫌というほどわかります。しかしながら、税金を払うということ自体は、世の中に税金という形で富の再配分をして貢献しているわけです。まさに世の中に〝与えて〟いるのではないでしょうか。

また、節税で使うお金を投資に回せば、投資自体が節税になる上、世の中にお金が回り、幸せの連鎖が生まれるのではないでしょうか。

本業である不動産コンサルティングにあたり、私はアサーティブなコミュニケーションを心がけています。すなわち、「誠実」「率直」「対等」「自己責任」です。何億円、何十億円という資産の将来について意思決定するということは、依頼者の生活、家族関係、人生に大きな影響を及ぼします。

だから、いい加減な気持ちで依頼者と向き合うことはできません。大変エネルギーの必要な仕事であります。

「誠実」＝自分自身に正直になることで、依頼者にも誠実になれる。

「率直」＝差し障りのない話でなく、伝わる言葉でストレートに。

「対等」＝卑屈でもなく、上から目線でもなく、心も態度も対等に。

「自己責任」＝最後は自分の頭で考え、行動し、その結果に責任を取る。

今後もこのようなアサーティブネスな関係で、依頼者、取引先とともに幸せな人生が送れますことをお祈りして、「おわり」の言葉といたします。


最後に、この本が執筆できたのは、事例の掲載を許していただいた超資産家の皆さんのおかげであり、事例には出てこなくとも一緒に財産戦略を考え、実行してくださった依頼者と共有した経験値によるものです。

株式会社現代書林の渡部愛さん、小野田三実さんには馴染みの薄い、専門的な用語が多いにもかかわらず、良い本ができるようにと企画にご尽力いただけました。

古井編集事務所の古井一匡さんには、今回で3度目のライティングを担当していただきました。お忙しい中、納得いくまで掘り下げてくださり、私以上に渾身の力を降り注いでくださったと思っています。

秘書の野村明子さんには、今回も大活躍していただきました。校正や推敲のみならず、日頃から講演のレジメや資料をつくっていただいているので、本の内容を完璧に理解し、先回りして図表などをつくって理解しやすくしていただけました。

改めて、この場をお借りして、関係者の皆さんに深く御礼申し上げます。ありがとうございました。

本書が投資を行う皆さんに何かを「与える」ということができれば、この上なく幸せです。

福田郁雄

2021年6月

[著者プロフィール]

福田郁雄 ふくた いくお

株式会社福田財産コンサル 代表取締役
財産戦略コンサルタント

1959年（昭和34年）岐阜県生まれ。鳥取大学工学部卒業。

大手ハウスメーカーにて、船橋支店長、本社資産活用推進部の責任者を経験後、大手賃貸管理会社の役員を務め、2004年6月に株式会社福田財産コンサルを設立。総額1600億円を超える豊富な財産コンサルティングの経験を活かし、フリーな立場で、依頼者本位の助言を行う。

また、コンサルの傍ら、不動産相続ビジネス研究会顧問、公認不動産コンサルティングマスター「相続対策専門士」統括講師、公認不動産コンサルティングマスター試験アドバイザー、株式会社レガシー企画制作DVD講師、JA、宅建協会、㈱住宅新報社等の講演・勉強会を多数務めてきた。

現在は、総資産10億円以上の資産家が集まる「ビリオンクラブ」の運営を中心に、完全個別の財産戦略コンサルティングに絞って業務を行っている。さらに、自身もロバートキヨサキ氏の提言に触発され、不動産投資を実践し、今では家賃収入1億円以上、総資産10億円以上の投資家となり、「ビリオンクラブ」の仲間入りをした。メンバーに対しては、理論だけではなく、自ら実践・検証し、資産家・経営者・投資家・コンサルタントの4つの立場で助言を行っている。著書、DVD多数。

資格

公認不動産コンサルティングマスターおよび相続対策専門士（講師経験者）
相続アドバイザー養成講座認定会員（講師経験者）
Japan Association for Financial Planners
宅地建物取引士

著書

『不動産バブル崩壊！その時こそがチャンス!!　5%の勝ち組投資術』（集英社）
『余命一ヵ月の相続税対策』（幻冬舎メディアコンサルティング）
『カリスマ不動産コンサルタントから学ぶ
資産を守り増やすための12の実践哲学』（住宅新報社）
『相続資産の上手な増やし方』（週刊住宅新聞社）
『第2の人生を豊かに』（㈱福田財産コンサル）
『「稼げる」不動産コンサルタントになる方法』（すばる舎リンケージ）
『混迷の不動産市場を乗り切る　優良資産への組み換え術』（住宅新報社）
『資産運用ビジネス特集』住宅新報特集（住宅新報社）
『事例から学ぶ　安全・安心の相続と資産運用』（住宅新報社）
『収益不動産の投資入門』（㈱アパマンショップホームプランナー）

[理論《りろん》][事例《じれい》][Q&A]から学《まな》ぶ
ビリオネアの東京《とうきょう》不動産《ふどうさん》投資《とうし》

2021年7月19日　初版第1刷

著　者 ―――――― 福田郁雄《ふくたいくお》

発行者 ―――――― 松島一樹

発行所 ―――――― 現代書林
〒162-0053 東京都新宿区原町3-61 桂ビル
TEL 03 (3205) 8384 (代表)
振替 00140-7-42905
http://www.gendaishorin.co.jp/

デザイン・図版 ―― 華本達哉 (aozora.tv)

印刷・製本　広研印刷㈱
落丁・乱丁本はお取り替えいたします。

定価はカバーに
表示してあります。

ISBN978-4-7745-1907-4 C0033